AF506684

L'ABÎME DU DÉSIR

ANTOINETTE PESKÉ
ET L'ÉCRITURE DE L'IMPOSSIBLE

MARIE-ROSE BOULOS

PUBLISHED
BY
SULFUR EDITIONS
AND
LA BELLE INUTILE EDITIONS, 2024.

TABLE DES MATIÈRES

SULFUR EDITIONS

LA BELLE INUTILE EDITIONS

UNIVERSITÉ DU QUÉBEC À MONTRÉAL

L'ABÎME DU DÉSIR,

ANTOINETTE PESKÉ ET L'ÉCRITURE DE L'IMPOSSIBLE

DE LA MAÎTRISE EN ÉTUDES LITTÉRAIRES

PAR

MARIE-ROSE BOULOS

L'abîme du désir

SULFUR EDITIONS ET LA BELLE INUTILE EDITIONS

Les Éditions Sulfur et La Belle Inutile Editions sont fières de présenter L'abîme du désir, Antoinette Peské et l'écriture de l'impossible, une exploration fascinante du désir et de l'impossibilité dans les œuvres d'Antoinette Peské. Ce livre perspicace, adapté d'un mémoire de maîtrise en études littéraires à l'Université du Québec à Montréal, témoigne de l'importance de transformer la recherche universitaire en publications accessibles.

Chez Sulfur Editions, et La Belle Inutile Editions nous croyons au pouvoir des travaux scientifiques pour enrichir le discours public. Nous nous engageons à soutenir la publication de thèses de doctorat et de maîtrise, garantissant ainsi que les recherches de valeur atteignent un public plus large. *L'abîme du désir* illustre cette mission.

L'auteure Marie-Rose Boulos offre une nouvelle perspective sur Antoinette Peské, une auteure fascinante mais peu étudiée. L'œuvre de Peské, qui s'inspire du romantisme noir du XIXe siècle tout en démontrant une compréhension inhérente de la psychanalyse, offre un terrain fertile pour l'analyse de Boulos. À travers des lectures attentives de deux romans de Peské, Que cherches tu ? (1924) et La Boîte en os

(1941), Boulos examine l'interaction entre le désir, la mort et l'objet d'affection inaccessible.

L'analyse du livre est enrichie par une étude comparative des Wuthering Heights d'Emily Brontë. Le roman de Brontë, une influence clé sur Peské, sert de paradigme littéraire pour comprendre le romantisme noir et son exploration des passions destructrices et de l'attrait de l'absolu. Peské et Brontë dépeignent tous deux une expérience tragique du désir, reflétant souvent les paysages naturels turbulents et hostiles qui servent de toile de fond à leurs récits.

S'appuyant sur les théories psychanalytiques lacaniennes, Boulos dévoile la dynamique complexe du désir dans les romans de Peské. Le livre sonde la notion énigmatique de l'*objet a, l'objet insaisissable du désir qui échappe à jamais à notre compréhension. Boulos montre comment cet objet inaccessible pousse les personnages à l'extrême, les entraînant sur un chemin de folie et de perversion dans leur quête d'une fusion impossible avec l'être aimé.

L'abîme du désir* est une lecture captivante qui séduira toute personne intéressée par la littérature française, le romantisme noir, la psychanalyse et les études de genre.
Il s'agit d'une contribution significative à la recherche sur Antoinette Peské, ravivant l'intérêt pour elle. L'analyse perspicace de Boulos jette un nouvel éclairage sur la complexité du désir, son potentiel destructeur et son pouvoir durable dans la formation de l'expérience humaine.

LA BELLE
INUTILE
EDITIONS

SULPUR
EDITIONS

REMERCIEMENTS

Par où commencer, je suis chanceuse d'avoir tant de personnes dans ma vie qui m'ont encouragée tout au long de ce processus. Je tiens à remercier mon directeur Alexis Lussier qui m'a transmis la passion de la psychanalyse et m'a accompagnée patiemment durant la rédaction de ce mémoire, tout en me poussant à donner le meilleur de moi-même. Je remercie sincèrement Mme Anne-Élaine Cliche, dont le séminaire « Écrire l'expérience de l'Autre » était source d'apprentissages et d'inspiration, à un moment où je doutais de mon choix de cheminer en psychanalyse.

Je remercie également mon mari qui m'incitait toujours à suivre ma passion et me soutenait sur plusieurs volets, en plus de tolérer mes négligences faute de temps. Merci à ma mère qui a contribué financièrement à mes études, merci à mes jeunes : les aider dans leurs études a confirmé mon désir de retourner aux études, et les voir devenir adultes m'a poussée à continuer à penser à moi.

Je tiens à remercier ma patronne, Me Marie-Andrée Thomas qui m'a encouragée dès le début à poursuivre mes études supérieures, mon rêve abandonné. Merci de m'avoir soutenue moralement et d'avoir toléré mes congés pour études sans lesquels je n'aurais pas fini. Merci aussi à mes collègues qui ont manifesté leur soutien ainsi que leur intérêt à lire ce mémoire.

Enfin, merci à mon amie Adriana qui m'encourageait toujours et comprenait bien que je manquais de temps pour échanger avec elle.

Ce mémoire a été rédigé avec beaucoup d'amour.

DÉDICACE

Aux 2 hommes les plus importants dans ma vie

À mon père décédé,

« Un seul être vous manque, et tout est dépeuplé »

Alphonse de Lamartine-Méditations poétiques

À mon mari,

« On ne peut me connaître Mieux que tu me connais »

Paul Éluard-Les Yeux fertiles

Ce mémoire est dédié à l'âme de mon père décédé. Un de ses souhaits était que je poursuive mes études supérieures. Merci papa de m'avoir un jour initiée à entreprendre des études supérieures, j'espère que je t'ai rendu fier.

Je le dédie aussi à mon mari, mon roc et ma fierté. Merci à celui qui me connaît plus que je me connais, qui m'a donné l'occasion de réaliser mon rêve. Tu me surprends toujours et tu me prouves chaque jour que l'amour n'est pas dans les mots mais dans les actes.

RÉSUMÉ

Le désir et l'impossible, deux questions qui ont toujours intéressé la littérature et la psychanalyse. Ces deux questions sont en jeu dans ce mémoire qui porte sur deux romans d'une auteure peu connue et peu étudiée, Antoinette Peské. L'œuvre de Peské s'inspire du romantisme noir du siècle précédent, en même temps qu'elle semble porteuse d'un savoir psychanalytique insu. En effet, *Que cherches-tu ?* et *La Boîte en os* évoquent, quoique d'une façon différente, le drame du désir, un drame qui nous rappelle celui de *Hurlevent* d'Emily Brontë ; où le désir et la mort se rencontrent et se révèlent indissociables. Si la mort est bel et bien présente dans les œuvres des deux romancières, ce mémoire propose d'envisager la *mort* en tant qu'elle est elle-même l'objet du désir. Le premier chapitre envisage de confronter le romantisme noir de Brontë au romantisme plus moderne de Peské, qui s'en inspire. Il s'agit alors d'examiner les métaphores noires du désir dans le cadre de la pulsion de mort qui se déchaine dans *Hurlevent*, *Que cherches-tu ?* et *La Boîte en os*, avec ses composantes sadomasochistes. Le deuxième chapitre porte plus spécifiquement sur l'objet insaisissable du désir, qui est traqué dans les deux romans de Peské, et qui conduit les protagonistes à la mort. À cet égard, nous aurons recours au cadre conceptuel qui entoure les *objets a* selon Lacan, en tant que négativité insaisissable, plus précisément, à l'*objet a* « regard » et l'*objet a* « rien ». Nous montrerons comment ces deux catégories d'*objet a* se trouvent aussi liées à la pulsion de mort. Finalement, le dernier chapitre est consacré à *La Boîte en os*, en tant que drame de l'impossible rencontre, l'impossible satisfaction du désir au moment de la possession de l'être aimé. À ce sujet, d'une part, plusieurs concepts seront convoqués tels que la *jouissance*, le *fantasme* et l'affirmation lacanienne du non-rapport sexuel. D'autre part, nous exposerons l'idéal de l'amour courtois que Lacan a évoqué comme suppléant à l'inexistence du rapport sexuel tout en l'opposant à la *perversion* qui domine le roman de Peské, aboutissant à la mort.

Mots-clés : romantisme noir – désir – impossible – pulsion de mort – sadomasochisme objet – jouissance – fantasme – non-rapport sexuel – amour courtois – perversion

INTRODUCTION

« Je t'aime…un peu, beaucoup, passionnément, à la folie[1]… »

Antoinette Peské

L'œuvre d'Antoinette Peské est encore aujourd'hui peu connue. Pourtant, l'originalité de son œuvre n'a jamais fait de doute. Fille du peintre Jean Peské, elle a été reconnue très jeune par Guillaume Apollinaire, ami de son père, pour les poèmes qu'elle écrivait à l'âge de huit ans. Apollinaire comptait les publier aux Éditions de la Sirène, avant que la mort ne le surprenne. Après quoi, la jeune Antoinette Peské arrête d'écrire des poèmes et se consacre au roman. Son œuvre se résume à un mince recueil de vers et à quelques récits dont deux feront l'objet de notre mémoire, *Que cherches-tu ?* (1924) et *La Boîte en os* (1941). En 1951, en collaboration avec son mari, Pierre Marty, elle écrit *Les Terribles,* un livre sur des auteurs populaires, mais délaissés par la critique savante, tels que Maurice Leblanc, Gaston Leroux et Pierre Souvestre connu pour avoir inventé le personnage de Fantomas. En 1955, *Ici le chemin se perd,* deuxième roman de Marty et Peské,

---

[1] Voir la note de l'éditeur Jean-Pierre Sicre : Antoinette Peské, *La Boîte en os*, Paris, Phébus, coll. « Verso », [1941] 1984, p. 13. « Comment pouvait-on aimer à la folie? C'est à cette question qu'elle veut répondre, en prenant les mots à la gorge ». Nous nous référons à cette édition seulement pour la note de l'éditeur.

mêle histoire et légende dans la Russie d'Alexandre 1ᵉʳ. Ce roman sera suivi par *Le Bal des angoisses*, publié en 1957, également écrit en collaboration avec Marty.

À l'âge de dix-huit-ans, l'amour trop passionné que lui vouait son père, pour qui elle éprouvait, paraît-il, une adoration ambiguë, la pousse à fuir vers l'Écosse où elle continue d'écrire. À son retour en France, deux ans plus tard, elle écrit un court roman, publié en 1924, dans la Grande Revue sous le titre de « L'insaisissable rival », un titre qui lui avait été proposé ct quc Pcskć n'aimait guère[2]. En 1984, dans *Le Monde*, Alexandra James remarque que le livre porte la signature de Myrrha Peské (son petit nom d'enfant). Elle suggère alors qu'à travers le prénom de Myrrha, Antoinette souhaitait dédier en secret son roman à son père[3]. Quand Jean-Pierre Sicre a exhumé ce récit pour le publier chez Phébus, en 2004, il lui a donné un nouveau titre qu'il estimait

---

[2] Voir la note de l'éditeur dans l'édition suivante : Antoinette Peské, *Que cherches-tu ?* Paris, Phébus, [1924] 2004, p. 11.

[3] Alexandra James, « Antoinette Peské, la fiancée du diable », *Le Monde*, 8 juin 1984, en ligne, récupéré de lemonde, consulté le 29 septembre 2020.

« mieux conforme au souhait de l'auteur[4] ». Ce titre, *Que cherches-tu ?* provient d'une phrase prononcée par la narratrice à la fin du récit : « Que cherches-tu ? [...] C'est le parfum que j'eusse désiré et que vous avez emporté, Edward, dans la tombe[5] ! » Dans le roman, la narratrice s'adresse à Sir O'Perk, le propriétaire du lugubre château du nord de l'Angleterre où elle est entrée comme jeune institutrice française. Les O'Perk constituent un couple mal assorti et voué à l'échec, tandis que Mme O'Perk a transmis à sa fille la haine de son père. Comme l'explique bien Patrick Bergeron, *Que cherches-tu ?* « en impose par sa singulière tonalité » ; le roman étant lui-même imprégné d'un « onirisme gothique qui enveloppe les terres embrumées du Northumberland d'un halo fantastique[6] ». Dans ce récit, dont le déchaînement des passions peine à se dissimuler sous le voile de la pudeur, les protagonistes cherchent l'amour et en redoutent l'inquiétante surrection, puis, l'ayant trouvé (ou feignant de

---

[4] Antoinette Peské, *Que cherches-tu ? op cit.*, p. 11.

[5] *Ibid.*, p. 140-141.

[6] Patrick Bergeron, « Antoinette Peské », *Nuit blanche*, no 140, 2015, p. 51.

l'avoir trouvé), ils en gâchent les suites[7]. Dans ce roman, Peské s'intéresse au mystère du surgissement du désir plutôt qu'à son assouvissement. Le désir, lit-on : « cet animal mystérieux, logé en nous, et qui nous pousse si bien à enfreindre les règles de la bienséance, à fuir par les mauvais chemins [...] à interroger obsessionnellement l'anatomie cachée (l'âme?) de l'être aimé[8] ».

Avec *La Boîte en os*, chef-d'œuvre indéniable, admiré par Cocteau, Mac Orlan et Jean Follain, Peské devient plus audacieuse. La pudeur qui entoure l'écriture et la fiction de son premier roman s'évanouie, les limites sont franchies, le désir éclate ; et il en est de même du récit qui affiche une structure narrative à la fois disjonctive et complexe. À l'image de l'insaisissable objet d'amour et de la passion déchirée, qui traverse toute l'histoire, sans jamais pouvoir se dire tout à fait, on dirait que le récit est lui-même lancé sur le chemin de l'impossible à atteindre[9]. Dès 1931, le texte est prêt pour

---

[7] Antoinette Peské, *Que cherches-tu ? op. cit.*, p. 12. Note de l'éditeur.

[8] *Idem*

[9] « À la folie, comment peut-on aimer jusqu'à la folie se demanda [Antoinette Peské] ? Pendant longtemps, elle se posa cette question [...] Un roman étrange était en train de naître. Elle hésita beaucoup à l'écrire. Des années plus tard, le

l'édition, mais les maisons d'édition refusent de le publier. Ce n'est qu'en 1941 que les éditions Denoël acceptent de le prendre à un tirage qui est demeuré confidentiel. Dix ans plus tard, un jeune éditeur, Frédéric Chambriand, donne au livre la diffusion qu'il mérite. C'est cette version que nous utilisons dans ce mémoire. Suite à la parution de *La Boîte en os*, il y a eu bien quelques échos dans la presse, ensuite, c'est l'oubli jusqu'à ce que Jean-Pierre Sicre le réédite chez Phébus en 1984. Dans la note de l'éditeur, il loue l'incroyable audace de l'auteure à traiter les sentiments les plus troubles, cette audace qui est probablement la cause de sa carrière littéraire timide, tant qu'elle a déconcerté ses contemporains. Le roman raconte l'aventure d'un homme qui tombe amoureux moins de la personne que de son visage — ou plutôt du mystère que révèle (et dissimule) ce visage. Et cet homme s'aperçoit que « le désir, insatisfait même à l'heure de la possession la plus frénétique, ne peut s'assouvir que dans la connaissance,

---

hasard lui fit connaître un homme qui sortait d'une maison de santé. Il lui raconta comment il avait perdu la raison par amour. Antoinette Peské, dès lors, ne pouvait pas ne pas écrire *La Boîte en os* ». (Article paru sous la rubrique « La femme du jour » dans *L'intransigeant*, 2 mars 1951, auteur inconnu, p. 2, en ligne, consulté le 7 octobre 2020.)

désespérément inaccessible, du désir éprouvé par l'autre [...]
Désirer un corps, le posséder, ne suffit jamais à celui qui aime.
Car le véritable objet du désir est au-delà de cette chair[10] ».
C'est dès lors la chair que l'on perçoit comme une limite, une
frontière. Quête sans fin, vers un au-delà de la chair, en fait,
qui confine à la folie. C'est aussi, dans la chair, la vision du
crâne qui contient l'âme et la conscience de l'être aimé ; une
« boîte en os » dont « l'auteure rêve de forcer la serrure », le
crâne humain qui renferme le mystère de l'autre et l'objet de
son désir ; quand c'est aussi la « mort qui guette derrière le
visage aimé », comme l'a écrit Jean-Pierre Sicre[11].

Filiation littéraire

L'œuvre de Peské a coïncidé avec la naissance du
surréalisme, tout en se rapprochant de l'imaginaire du roman
gothique, alors que Peské n'est ni surréaliste ni vraiment
gothique. Au moment de la naissance d'une littérature
engagée, traitant des inquiétudes politiques et sociales de

---

[10] Antoinette Peské, *La Boîte en os*, *op. cit.*, p. 17-18. Note de l'éditeur (édition de 1984).

[11] *Ibid.*, p. 17.

l'époque, durant l'entre-deux-guerres, Antoinette Peské se rapprochait d'Ann Radcliffe, de d'E.T.A. Hoffmann, de Mary Shelley et d'Edgar Poe[12] :

> **Le caractère intemporel du récit, le climat quasi fantastique qui baigne nombre d'épisodes, la violence contenue mais dévastatrice des sentiments [...] autant de traits qui évoquent irrésistiblement cette « littérature sauvage » dont la source se situe du côté des Romantiques allemands, de Baudelaire, d'Edgar Poe et où s'abreuvent encore ces inclassables que sont John Cowper Powys, Ernst Jünger et Gracq lui-même[13].**

Cependant, c'est à l'auteure des *Hauts de Hurlevent* (*Hurlevent* dans l'édition consultée), que pense Jean-Pierre Sicre quand il réédite *l'Insaisissable rival* sous le titre de *Que cherches-tu ?*[14] Nous verrons plus loin qu'avec *La Boîte en os*, Peské est reconnue indéniablement comme une sœur d'Émily Brontë,

---

[12] « Antoinette Peské se montrait l'héritière d'E.T.A. Hoffmann, de Shelley, d'Edgar Poe ; des contrées brumeuses…, des cimetières abandonnés…, une imagination débridée et morbide, sont autant des éléments qui fondent ce roman sur un romantisme échevelé. » (Nicolas d'Estienne d'Orves, « Un conte gothique », *Le Figaro*, vol. 17579, n° 17579, 15 février 2001, p. 7, en ligne, consulté le 18 juin 2020.)

[13] Antoinette Peské, *La Boîte en os*, *op. cit.*, p. 16. Note de l'éditeur (édition de 1984).

[14] Patrick Bergeron, « Antoinette Peské », *loc. cit.*, p. 50.

ce qui la rapproche non pas tant du roman « gothique » que du romantisme noir anglais.

Il est difficile de donner une définition stricte du *romantisme noir* qui a indéniablement des affinités avec le roman gothique, le roman noir et le romantisme au sens le plus large. Selon Liliane Abensour et Françoise Charras :

> **[Le romantisme noir est un] mouvement qui parcourt les lettres et les arts à l'aube du romantisme, et dont les résonances, en divers pays et à diverses époques, tout en renvoyant au point d'origine, le prolongent et parfois le nient. Constitué à l'image du gothique d'emboîtages et d'échos, il entend provoquer, par un jeu de juxtapositions, de répétitions et même de contradictions, des confrontations nouvelles[15] [...]**

Selon Mario Praz, le romantisme noir se caractérise par une « soif d'impossible amour [...] d'une passion de se fondre complètement avec l'être aimé : extase des nerfs qui prend la

---

[15] Liliane Abensour et Françoise Charras, *Romantisme noir*, Paris, L'Herne, coll. « Cahiers de l'Herne », 1978, p. x.

forme de véritables obsessions[16] ». À l'encontre de la plupart des romantiques français qui semblent ne pas « donner libre cours à l'imaginaire pur » et manquer d'audace en essayant de « maîtriser les élans » pour donner des œuvres « conformes à une stricte logique » et à une voie déjà tracée, le romantisme noir *à l'anglaise* nous apprend que ce n'est pas « en peignant les fastidieuses langueurs de l'amour, qu'on peut obtenir des succès dans ce genre » ; mais en traçant des caractères qui, « victimes de cette effervescence du cœur connue sous le nom d'amour, nous en montrent à la fois les dangers et les malheurs[17] ».

Que cherches-tu ? se déroule en Angleterre, tandis que *La Boîte en os* baigne dans les paysages gothiques de l'Écosse. Le cadre des deux romans est révélateur. En effet, le drame de *La Boîte en os* suggère un romantisme noir aux accents gothiques : après la mort de sa bien-aimée, le personnage

---

[16] Mario Praz, *La chair, la mort et le diable dans la littérature du XIXe siècle : le romantisme noir*, trad. C. T. Pasquali, Paris, Gallimard, coll. « Tel », [1977] 1999, p. 144.

[17] Liliane Abensour et Françoise Charras, *Romantisme noir, op. cit.*, p. 313-63.

principal est enterré vivant. Le roman continue pourtant car son petit-fils, qui lui ressemble pratiquement trait pour trait, revient des années plus tard ouvrir le cercueil où l'on trouve le squelette retourné. Il tombe amoureux de la petite fille du narrateur qui a enterré, involontairement, son grand-père vivant. La mort se venge du narrateur en lui prenant sa petite fille qui meurt en même temps que le jeune homme, sans cause apparente. Dans un exemplaire de l'édition Chambriand, dédicacé de la main de Peské, et qui s'est retrouvé par hasard en notre possession, on peut lire : « Pour Henri Parisot grand chercheur de poésie qui aime ce livre naïf et noir, en hommage d'Ant. Peské [18] ». La dédicace nous renseigne en partie sur l'image que l'auteure se faisait de son propre roman, comment elle aimait se le présenter ; c'est-à-dire *naïf* et *noir*. Dédicace qui semble d'ailleurs à l'image du texte où l'on voit un personnage qui se croit capable de franchir la limite qui sépare l'humain et le divin, et qui, en même temps, éprouve un désir énorme à se torturer jusqu'au

---

[18] Antoinette Peské, *La Boîte en os*, Paris, Chambriand, [1941] 1951, 207 p. 3. Dans la suite de ce mémoire, nous nous référerons toujours à cette édition.

désespoir et à la mort. Cette *noirceur naïve* nous touche car ce livre renferme des vérités sur le désir, présentées parfois d'une façon un peu naïve, parce qu'exubérante, mais néanmoins mystérieuse et fascinante.

Les deux romans de Peské que nous étudierons dans le cadre de ce mémoire conjuguent par conséquent les codes du romantisme noir tout en décrivant la part inconsciente du désir à une époque où la psychanalyse propose une définition nouvelle de l'inconscient. Par conséquent, ce mémoire propose une brève relecture du roman de Brontë, *Hurlevent*, à l'aune du romantisme noir, mais plus substantiellement une étude des théories psychanalytiques lacaniennes en vue d'éclaircir le drame du désir que les romans mettent en scène. En ce sens, nous verrons que l'énigme du surgissement du désir se manifeste et tourne au cauchemar dans chacun de ses deux romans. Or, les deux romans de Peské explorent les mécanismes de ce drame à des degrés de complexité différents : *Que cherches-tu ?* est en quelque sorte l'initiation à cette énigme, tandis que, dans *La Boîte en os*, l'enjeu se situe à un niveau plus élevé, plus difficile et plus torturé, celui de l'impossible satisfaction du désir et ses détours par le biais de la folie et de la perversion. En effet, l'amour fou y prend une coloration particulière, à la fois sadique et cannibale, voire nécrophile. En ce sens, il est possible de voir dans *La Boîte en os* une continuation du premier roman, et une réponse aux questions qu'il soulève. Rarement la question de l'impossible communion entre l'homme et la femme n'a été traitée avec une telle violence, et avec un tel malaise, alors que le sentiment de la perte et de l'impossible fusion avec l'Autre conduit au délire et à la mort. En fait, tel que mentionné ci-dessus, quelques traits du romantisme noir se rapprochent du champ de la psychanalyse notamment les répétitions, les obsessions, l'amour impossible évoqué par Praz, lequel pourrait correspondre à l'impossible atteinte de l'objet du désir. En nous concentrant sur *La Boîte en os*, plus particulièrement, nous verrons comment certaines notions théoriques, développées dans le champ de la psychanalyse, permettent d'articuler le drame du désir et de l'impossible fusion. Notre hypothèse consiste à dire que non seulement le désir semble demeurer indéfiniment insatisfait, mais il semble que la mort soit elle-même l'objet du désir. En effet, *La Boîte en os* présente une version aggravée du drame de l'impossible rencontre, dans une perspective tragique et sadique, plus complexe que dans le roman précédent. Le roman tourne alors autour de l'énigmatique faille, du point de fracture qui mène à la folie et semble ainsi s'ouvrir jusqu'à l'abîme de la mort. Loin de nous contenter des codes du romantisme noir, il s'agira surtout, dans le cadre de ce mémoire, de s'appuyer sur les notions psychanalytiques qui permettent de déchiffrer l'énigme du désir et de la passion mortifère, qui participent du registre du romantisme noir (dans un premier temps) et de celui de l'amour courtois (dans un second temps). Cette association permettra d'éclairer le drame du désir dans l'œuvre romanesque d'Antoinette Peské.

Le désir et l'impossible

La psychanalyse constitue le cadre théorique privilégié parce qu'elle permet une problématisation du désir et son inscription à l'intérieur d'une structure narrative. En mettant en relief, dans *La Boîte en os*, les notions psychanalytiques de *désir*, de *pulsion*, d'*objet a*, et de *jouissance*, nous essaierons de suivre le parcours narratif de *La Boîte en os*, à première vue décousu, et dont la linéarité est brisée par de nombreux retours en arrière. Ce texte est pris en charge par un narrateur qui se fait le réceptacle de toutes les voix souffrantes du roman, et dont la voix n'est aucunement neutre, mais concluante pour saisir la progression de la folie qui hante le récit. Tout au long du roman, la rupture de ton, le décalage temporel, produisent des ruptures de l'objet textuel que l'on peut considérer comme l'expression de la confusion et du délire du sujet. Aussi, les points de suspension qui apparaissent directement dans le texte de Peské suggèrent un vide expressif, une sorte de mutisme ou une suspension affective qui nous renvoie à l'impossibilité de dire. Selon Lacan, le désir s'articule à la dimension de l'impossible : « Il y a toujours une note d'impossibilité dans l'objet du désir, cela tient à la structure même du désir, à ses fondements[19] ». Ce rapport entre le désir et l'impossible est l'un des thèmes obsédants entre littérature et psychanalyse. La littérature ne maintient-elle pas un « rapport soutenu et intensifié avec l'impossible », comme l'a mentionné récemment Dominique Rabaté ? C'est que la modernité a donné « un tour supplémentaire à ce qui doit devenir une tâche sans fin, une quête réitérée face à ce qui est toujours en défaut[20] ». De fait, *La Boîte en os* est un bel exemple de cette « passion de l'impossible », décrite par Rabaté ; passion qui prend la forme d'un récit qui met l'emphase sur la négativité de l'objet qui manque, et sur la rencontre avec cette impossibilité. Le récit, suivant la définition que donne Rabaté, est alors « indissociable d'une diction à la première personne, renvoyant à une « expérience intérieure » qui défie le langage, vise néanmoins à ouvrir le sujet à un état qui le dépossède de

---

[19] Jacques Lacan, *Le Séminaire, Livre VI, Le désir et son interprétation*, Paris, La Martinière, coll. « Champ freudien », 2013, p. 396.

[20] Dominique Rabaté, *La passion de l'impossible : une histoire du récit au XXe siècle*, Paris, Éditions José Corti, coll. « Les essais », 2018, p. 97 et 99.

lui-même[21] ». En effet, l'ordre auquel se réfère le sujet — ou plutôt la structure à l'intérieure de laquelle il est constitué — est le langage. Le sujet bute sur la limite du langage, mais en tant que le langage peut être lui-même manquant, troué, en défaut ; quand nul signifiant ne suffit à le définir. En adressant sa demande à l'Autre, il doit ainsi recourir à un langage qui *manque de mots* pour exprimer le désir ou la demande. La conséquence est que la demande est toujours inadéquate, les mots ne pouvant pas rendre compte de l'ensemble de ce qui peut être à fois désiré, attendu, etc. Ainsi, le sujet se trouve morcelé, divisé par le signifiant censé à la fois exprimer le désir, la demande, et ce qui peut être cédé ou donné par le langage. C'est dire la difficulté à surmonter la castration symbolique et l'incomplétude du sujet dans son rapport à l'Autre. C'est néanmoins de cette rencontre avec l'Autre que naît un désir qui ne cesse de réclamer satisfaction. Écrire l'impossible, c'est dès lors écrire la division symbolique du sujet, la fissure *dans* l'imaginaire ; le pulsionnel, aussi, qui

---

[21] *Ibid.*, p. 63.

ne peut atteindre son objet que par ses « bords », en en faisant le tour.

Peské, Brontë : le cauchemar du désir

Dans le premier chapitre, nous aborderons la question du désir telle qu'on peut la formuler à partir du romantisme noir en prenant à témoin *Hurlevent* de Brontë. En ce sens, le roman de Brontë — référence avérée pour l'auteure de *La Boîte en os* — fera office de paradigme littéraire pour saisir les ressorts du romantisme noir dont la poétique préfigure et éclaire l'imaginaire de Peské. En effet, dans l'optique du romantisme noir, le désir semble dominé par un culte de la mort et la recherche de l'absolu, comme si la fusion souhaitée ne pouvait survenir qu'après une disparition totale de l'être. Il en est de même dans *Hurlevent,* la passion mortifère entre les deux personnages principaux du roman, Heathcliff et Catherine, ne trouvant satisfaction que *dans* et *par* la mort. Une des scènes qui a scellé le rapprochement entre Peské et Brontë, et que nous allons examiner en profondeur dans le premier chapitre, est celle où le personnage de *La Boîte en os* défonce le cercueil de la bien-aimée et souhaite garder son corps afin de posséder son âme et de s'unir à elle. Comme l'a souligné autrefois Robert Coiplet, dans un article paru dans *Le Monde*, en 1951, *La Boîte en os* n'est pas sans rappeler l'épisode paroxystique du roman de Brontë : « Dans la galopade de nuées nordiques qui passent derrière ce livre j'ai vu Heathcliff quand il demande qu'on abatte les parois du cercueil de Catherine et du sien pour qu'ils soient enfin réunis [22] ». C'est dire que l'expérience du désir est fondamentalement tragique dans les œuvres des deux romancières. En effet, l'une et l'autre, et chacune à sa manière, articule une poétique du désir à l'image mélancolique de la nature ; quand les égarements de la nature semblent correspondre aux égarements des cœurs. Nous allons donc examiner quelques métaphores qui s'inspirent de l'expérience tragique du désir. Selon Paul Ricoeur, la métaphore met en relief cette réciprocité du dedans et du dehors qui caractérise également la représentation de la nature comme reflet d'une

---

[22] Robert Coiplet, « La Boîte en os », *Le Monde*, 10 février 1951, en ligne, consulté le 29 septembre 2020.

intériorité subjective[23]. Certaines métaphores trouvent leurs racines dans une nature hostile et mélancolique, tandis que d'autres s'inspirent du surnaturel et de la violence. Ces métaphores illustrent, de par leur caractère hostile et violent, le déchaînement des pulsions chez les protagonistes. En fait, à travers le romantisme noir, entre autres, la littérature avait déjà réussi à *capter l'inconscient*, et ce avant les découvertes de la psychanalyse, lesquelles ont permis de définir cependant les lois psychiques de son fonctionnement[24]. Ainsi, nous allons mettre en relief le combat pulsionnel, reflété par le recours à de nombreuses oppositions, auquel se livre une écriture dominée par la pulsion de mort, laquelle est caractérisée, entre autres, par le fantasme sadique et masochiste que nous retrouvons dans la représentation des passions destructrices des deux romancières.

---

[23] Paul Ricoeur, *La métaphore vive*, Paris, Seuil, coll. « L'Ordre philosophique », 1975, p. 314.

[24] Voir Jacques Rancière, *L'inconscient esthétique*, Paris, Galilée, coll. « La philosophie en effet », 2001.

Peské et l'insaisissable objet

Le second chapitre se concentrera sur l'énigme du désir et l'*objet a* insaisissable. Il s'agit d'examiner et de distinguer les rapports entre désir, pulsion et objet. Rappelons qu'à partir de la « chose freudienne », objet absolu et impossible à atteindre, Lacan introduit l'énigmatique *objet a* (ou *objet petit a*). Pour Lacan, l'objet véritable, authentique, n'est aucunement saisi, échangeable, bien qu'il soit le point de départ des objets échangeables[25]. Nous aborderons alors cet *objet a* qui fait fonctionner le désir humain. En effet, *l'objet a* est l'objet cause du désir, à jamais insaisissable, sauf sous la forme de l'éclat, de l'allusion, etc. Éclat du mirage, pourrait-on dire, ou allusion sous la forme d'un objet tombé du corps, arraché à l'Autre. Nous rappellerons, dans ce chapitre, que Lacan distingue plusieurs *objets a* dont le « regard ». Or, dans *La Boîte en os*, c'est l'objet regard qui semble bel et bien en cause, tant le regard hante le roman, intervient comme une chose obsédante et aliénante. Dans un premier temps, nous

---

[25] Jacques Lacan, *Le Séminaire, Livre VIII, Le transfert*, Paris, Seuil, coll. « Champ freudien », [1991] 2001 p. 290.

verrons qu'il s'agit du regard en tant qu'*objet a*, objet cause du désir, mais au demeurant invisible : négativité insaisissable, mais traquée, justement, en tant qu'objet absent et impossible à saisir. Dans un second temps, nous allons montrer comment le regard s'inscrit sur le registre du mirage, de l'imaginaire : le sujet veut accéder à ce qui se cache derrière les yeux, dans le crâne… la boîte en os… qui renferme le mystère de l'autre et l'énigme de son regard. Dupé par l'imaginaire, ne pouvant pas distinguer entre *yeux* et *regard*, le personnage délirant de *La Boîte en os* fend le crâne de la femme aimée, croyant qu'il peut atteindre quelque chose en elle au-delà du voile de son regard. Il apparaît alors que le désir s'approche d'une jouissance qui suppose l'atteinte de l'objet. Conséquemment, il s'agit de mettre à l'épreuve l'hypothèse théorique qui veut que cet objet, qui est atteint dans le fantasme, et dont on veut jouir, est comparable à l'objet « rien » dont parle Lacan, qui est fantasmatiquement atteint dans la mort. Selon Lacan, le désir, jusqu'à un certain point, est désir de rien. Nous verrons que ce rien est ce qui attire le désir aux limites de l'objet. Or, cet objet perdu — fusion originaire avec la mère — impossible à récupérer, n'est pas sans ressemblance avec l'objet qui est visé dans la pulsion de mort ; où le désir pourrait être supposé comme étant assouvi et où l'union pourrait être possible.

Perversion de l'amour courtois dans *La Boîte en os*

Le troisième chapitre portera exclusivement sur le chef-d'œuvre de Peské, *La Boîte en os* qui pose la question du désir insatiable, au moment de la possession la plus frénétique de l'être aimé. Dans ce chapitre, nous reviendrons sur le concept lacanien de *jouissance*. Nous rappellerons, d'une part, que dans l'optique de la théorie lacanienne, l'objet originaire est perdu et irrécupérable ; ce qui implique une jouissance impossible. D'autre part, nous rappellerons qu'une pleine jouissance entrave la relance du désir et peut mener à l'abolition du sujet (puisque, dans l'optique de la psychanalyse, le sujet se constitue en tant que sujet du désir). C'est dire, pour reprendre l'énoncé de Lacan, qu'il n'y a pas de rapport sexuel, puisqu'il n'y a pas de complémentarité entre les êtres ; pas plus que la rencontre des corps ne permet d'accéder à la jouissance supposée ; d'où l'impossibilité de faire Un (au sens de l'Un de l'union sexuelle idéalisée et fantasmée[26]). Tel est l'enjeu de *La Boîte en os*, nous semble-t-il : ne pas pouvoir faire Un avec l'être aimé, quand la rencontre des corps fait échec à cette unité et ne permet pas de réaliser une jouissance qui est supposée ailleurs et autrement. Mais qu'est-ce qui pourrait suppléer à l'absence du rapport sexuel ? Selon Lacan, il n'y a que l'amour courtois qui permet d'idéaliser le manque. Or, le héros de *La Boîte en os* cherche une possession sans compromis de l'autre, qui le conduit à sa perte. Ainsi, nous allons démontrer que ce roman marque l'échec de l'amour courtois : victoire mortifère d'un imaginaire de la jouissance, échec de la sublimation. Échec qui culmine, chez Peské, dans la nécrophilie. Il s'agira donc dans ce chapitre de faire jouer, l'un contre l'autre, l'idéal de l'amour courtois et la perversion nécrophile, de façon à les éclairer mutuellement. Dans l'amour courtois, ce n'est plus la satisfaction qui est visée, mais son au-delà, qui est une idéalisation du manque. Or, dans la nécrophilie, l'amour de l'être aimé est déplacé, subverti, dénaturé, par la perversion qui ravale l'être aimé au rang d'objet ; l'être aimé n'est plus

---

[26] Jean-Paul Ricœur, « Lacan, l'amour », *Psychanalyse*, vol. 10, n° 3, 2007, p. 25.

qu'une chose inerte que l'on peut posséder et dont on peut jouir.

L'œuvre de Peské nous invite à réfléchir et à nous poser trop de questions qui ne trouveront pas nécessairement de réponses finales. Notre objectif n'est pas de trouver la réponse dernière mais d'interroger le texte et d'essayer de donner à voir ce que les mots dévoilent et dissimulent en même temps, de donner à savourer la beauté de cette écriture de l'impossible dans tous ses tremblements et ses redressements, et finalement, de vivre avec Peské ce cauchemar du désir qui consume les âmes et les corps. Pour ce faire, le romantisme noir et la psychanalyse contribuent à donner une perspective poétique et théorique à une œuvre pour laquelle il n'existe pratiquement aucune étude universitaire. Ce mémoire constitue une première étude approfondie de l'œuvre d'une auteure qui a tant souffert de l'inattention de ses contemporains et de l'oubli. Par conséquent, ce mémoire se veut, par le fait même, un hommage bien mérité.

Pour Henri Parisot
grand chercheur de poésie,
qui aima ce livre naïf et noir
en hommage
d'Ant. Peské

LA BOÎTE EN OS

UE DU CARDINAL-LEMOINE
ODÉON 15-14

Paris, ce 28 Janvier 1951

Cher Monsieur,

"La boîte en os" vient d'être réédité.

Je me suis rappelé que vous aviez
aimé ce livre et que vous aviez
été déçu de ne pas en avoir
d'exemplaire numéroté.

Je vous en ai fait réserver un
dans la nouvelle édition – que je me
permets de vous offrir.
Croyez-moi bien sincèrement votre

Ant. Pske.

CHAPITRE I

PESKÉ, BRONTË : LE CAUCHEMAR DU DÉSIR

Le Romantisme noir : un héritage commun

Le romantisme noir a puisé dans la richesse de la tradition gothique en lui donnant la profondeur psychologique du romantisme. En cela, il combine la sensibilité romantique et l'esthétique du « noir ». Ses principaux thèmes sont les passions destructrices et le mal sous toutes ses formes. Selon quoi, les figures comme le diable et le vampire sont fréquentes dans cette optique. Émilie Pezard définit le « noir », dans une œuvre littéraire, comme étant « ce qui relève du " négatif " dans tous les domaines »; ainsi, « d'un point de vue moral, la noirceur désigne le mal ; d'un point de vue physique, elle désigne la souffrance et la mort ; d'un point de vue psychologique, le désespoir et l'affliction ; d'un point de vue esthétique enfin, le sombre et le lugubre[27] ».

---

[27] Émilie Pezard, « La vogue romantique de l'horreur : roman noir et genre frénétique », *Romantisme*, vol. 160, n° 2, 2013, p. 43. Sur le « noir » dans la littérature et la naissance du roman noir, voir également Annie Le Brun, *Les Châteaux de la subversion*, Paris, Gallimard, coll. « Folio », 1986.

Bien que Brontë soit considérée comme une auteure de l'époque victorienne, son œuvre renoue avec le romantisme noir et le gothique, et choque la société anglaise en raison de son pessimisme qui déshonore les valeurs de la culture victorienne. La violence et la passion dans *Hurlevent* mettent le roman en contradiction avec les conventions de l'époque. Dans son livre portant sur Emily Brontë, Jacques Blondel présente la réception critique de l'œuvre. Il avance que *The Atlas* a qualifié l'effet général du roman d'« indiciblement pénible » et que l'hebdomadaire *Douglas Jerrold's* a été étonné de la violence et de la brutalité de certaines scènes[28]. Il est clair que *Hurlevent* est une « survivance du romantisme à l'époque victorienne » ; alors que le romantisme et le théâtre des passions déchirantes qu'il met en scène ont quelque chose d'inconvenant et de subversif. Comme l'a souligné Jean-

---

[28] Jacques Blondel, *Emily Bronte : Expérience spirituelle et création poétique*, Paris, Presses Universitaires de France, 1955, p. 17.

Pierre Petit, le roman de Brontë fait partie des « légendes d'amour et de mort »[29].

Dans le cadre de ce mémoire, le passage transitoire par Brontë et *Hurlevent* n'est pas inutile. Il sert en quelque sorte à définir le romantisme noir et à situer Peské par rapport à un mouvement littéraire plutôt anachronique à l'époque où elle écrit *Que cherches-tu ?* et *La Boîte en os*. Nous retenons ce rapprochement subtil évoqué par Mac Orlan dans sa préface à *La Boîte en os*, entre Peské et la tradition romantique antérieure :

> **La boîte en os, ouverte [...] contient la richesse inestimable des premières acquisitions d'Antoinette Peské [...] On découvre un porteplume en os, probablement, muni d'un œilleton qui laisse apercevoir les portraits minuscules des sœurs Brontë et de leur frère, des vues précises du romantisme écossais...[30]**

Si le romantisme noir met en scène un héros mystérieux et passionné qui est en même temps dangereux pour ceux

---

[29] Jean-Pierre Petit, *L'œuvre d'Emily Brontë*, Lyon, l'Hermès, coll. « Les Hommes et les lettres », 1977, p. 9.

[30] Antoinette Peské, *La Boîte en os*, *op. cit.*, p. 10.

qu'il côtoie, nous pourrons affirmer que le Heathcliff de *Hurlevent* et le personnage de John dans *La Boîte en os* sont manifestement des héros romantiques et tragiques. En effet, l'élément commun entre Peské et Brontë est la représentation d'une expérience tragique du désir métaphorisée à travers l'image d'une nature violente et hostile, où domine le surnaturel et le mal sous toutes ses formes. Dans les deux cas, nous verrons que le désir ne trouve son dernier objet que dans la mort.

Sans trop nous attarder sur l'ambiance ou le « décor » qui entoure le drame, force est de mentionner que chacun des cadres sur lesquels s'ouvrent les trois romans ressemble aux autres. Il situe le récit dans une atmosphère troublée et tourmentée à l'image des sentiments des protagonistes. Nous lisons dans *Hurlevent* : « Hurlevent, appellation provinciale qui dépeint d'une façon expressive le tumulte de l'atmosphère auquel la situation de cette demeure l'expose quand la tempête souffle[31] ». À cette citation, font écho les

---

[31] Emily Brontë, *Hurlevent (Wuthering Heights)*, trad. J. et Y. de Lacretelle, Paris, Gallimard, coll. « Folio », [1937] 2015, p. 23.

paroles de Jeanne, la narratrice de *Que cherches-tu ?* à propos du paysage entourant le château de Forebond : « des collines grelottantes dispersées dans la brume[32] » ; ou encore, celles de Norbert dans *La Boîte en os* : « Ces monts, dont les sommets presque toujours perdus dans la brume[33] ». Nous constatons que les deux romans se déroulent dans un lieu similaire : une lande désolée battue par le froid et la pluie, dans laquelle s'élèvent des demeures inquiétantes. Que ce soit la maison des Hauts ou le château de Foreband ou Morton Castle, les habitants se sentent enfermés, prisonniers de leur désir et de leur malheur. La nature et l'humain s'interpénètrent, l'être tend à se confondre avec la nature, d'où le recours à certaines métaphores naturelles qui parcourent les récits comme un leitmotiv telles que : le brouillard, l'orage, le vent, la pluie, le gravier, les rochers. Ces métaphores peuvent être considérées comme faisant partie d'un paradigme métaphorique plus vaste. Comme l'écrit Paul Ricoeur, la métaphore n'est jamais isolée, mais appartient à un « organisme stylistique

---

[32] Antoinette Peské, *Que cherches-tu ? op. cit.*, p. 14.
[33] Antoinette Peské, *La Boîte en os, op. cit.*, p. 15.

complexe » : « C'est à ce niveau aussi que se précise la valeur d'expression personnelle de la métaphore, sa fonction proprement poétique de langage indirect[34] ». Dans les romans de Brontë et Peské, ces complexes métaphoriques naturels s'inscrivent à l'intérieur du paradigme stylistique de la violence. Il en est de même pour les métaphores du surnaturel : fantôme, spectre, diable, démon, vampire, enfer, lesquelles s'inscrivent sur le registre du mal, voire de la mort. Toutes ces métaphores illustrent la poétique du désir de nos deux romancières, dominée par un culte de la mort. Le désir y est violent, destructeur, voire maléfique ; en cela, il rejoue le couple Éros et Thanatos.

Dans l'optique de la psychanalyse, Philippe Julien rappelle que « le désir est dans un rapport de fondation à la mort [...] Nous rencontrons là l'impératif d'une dette à payer pour accéder au désir [...] le désir doit rester dans un rapport avec la mort, parce qu'il est lui-même dans un tel rapport.

---

[34] Paul Ricoeur, *La métaphore vive, op. cit.*, p. 260.

Le" doit " vient d'une loi fondatrice du désir : *loi du désir*[35] ».
Cette poétique demeure indissociable de la logique du désir
et de la pulsion, tant que la pulsion vise un réel non
symbolisable ; ce qui fait d'elle, sur le plan psychique, une
instance à la fois structurante ou déstructurante[36]. Il est à noter
que désir et pulsion se distinguent par leur mode différent de
temporalité. La pulsion se caractérise par la réversibilité en
elle du temps, nulle part le parcours de la pulsion ne peut être
séparé de son aller-retour (d'où le caractère répétitif de
l'activité pulsionnelle), alors que le temps est irréversible en
ce qui concerne le désir[37].Toutes les métaphores naturelles et
surnaturelles que nous venons de citer se trouvent mises au
service d'un autre paradigme, celui du combat pulsionnel qui
agite les personnages, divisés entre pulsion de vie et pulsion
de mort. Pour ne pas nous éloigner de l'objectif de ce

---

[35] Philippe Julien, *Pour lire Jacques Lacan : le retour à Freud*, Paris, Seuil, coll. « Points », [1985] 2018, p. 112.

[36] Julie Murray Desrosiers, « L'écriture du mal chez Emily Brontë : infantile et pulsion de mort dans Wuthering Heights », Mémoire (M.A.), Université du Québec à Montréal, 2009, f. 56-57.

[37] Alain Juranville, *Lacan et la philosophie*, Paris, Presses Universitaires de France, coll. « Quadrige », [1984] 2003, p. 172-174.

mémoire, nous allons examiner ces métaphores en les rattachant aux pulsions auxquelles elles correspondent.

Le désir et la pulsion de mort

Comment définir la pulsion de mort ? La question n'est pas simple. Pour y répondre, nous allons commencer par définir le terme « pulsion », selon ce qu'avance Freud : « poussée inhérente à l'organisme vivant vers le rétablissement d'un état antérieur [38] ». Plus loin, Freud identifie les pulsions de vie et les pulsions de mort :

> **S'il nous est permis d'admettre comme un fait d'expérience ne souffrant pas d'exception que tout être vivant meurt, fait retour à l'anorganique, pour des raisons *internes*, alors nous ne pouvons que dire : *le but de toute vie est la mort*, et en remontant en arrière, *le non-vivant était là avant le vivant*[39].**

Ainsi la pulsion de vie porte en elle la pulsion de mort. Cette dernière est destructrice car son but est d'anéantir la

---

[38] Sigmund Freud, *Essais de psychanalyse*, trad. J. Altounian, Paris, Payot et Rivages, coll. « Petite Bibliothèque Payot », [1981] 2001, p. 88.

[39] *Ibid.*, p. 91. L'auteur souligne.

tension inhérente à la pulsion de vie menant ainsi à la disparition du moi. Les deux pulsions travaillent de concert et sont intriquées pour régulariser les processus vitaux, mais la domination de l'une sur l'autre modifie les effets du travail de retour vers un état antérieur. Il arrive alors que la pulsion de mort se détache de la pulsion de vie et l'emporte. Chez Peské, autant que chez Brontë, semble-t-il, l'écriture est portée par la dominance de la pulsion de mort. Que ce soit dans *La Boîte en os* ou dans *Hurlevent*, ou même dans *Que cherches-tu ?* non seulement l'idée de « pulsion de mort » semble s'exprimer, mais nous la retrouvons sous différentes formes dans lesquelles la pulsion de mort est impliquée : sado-masochisme, compulsion de répétition et motif du double.

Avant de nous aventurer dans le domaine de la pulsion, nous souhaitons mettre l'accent sur un moment critique dans chacun des romans. Ce moment constitue la faille qui annonce la descente aux enfers des protagonistes et le déchaînement des pulsions. Dans *Hurlevent*, le point de chute est marqué par la nuit où Catherine a annoncé à Nelly qu'elle préfère épouser Edgar Linton plutôt que Heathcliff, sans savoir que ce dernier a entendu cet aveu. Elle a choisi de trahir son propre cœur et la conséquence ne peut être que tragique : « Mon amour pour Linton est comme le feuillage des bois : le temps l'altèrera [...] Mon amour pour Heathcliff est semblable au *roc* immuable qui est au-dessous de nous : il ne procure guère de plaisir à nos yeux, mais il est nécessaire[40] ». C'était une nuit sombre, le ciel était plein de nuages, l'orage était proche. C'est le début d'autres nuits qui seront plus ténébreuses. Lorsque Heathcliff s'enfuit après avoir entendu la confession de Catherine, l'orage éclate. La nature se trouve en parfaite correspondance avec l'événement, « cette atmosphère lugubre atteint un paroxysme apocalyptique : l'ouragan déchaîne les éléments et la noirceur amplifie le bruit du tonnerre[41] ». Catherine s'affole en apprenant la disparition de Heathcliff. Malgré la tempête, elle reste à l'extérieur pour l'appeler et l'attendre en vain, jusqu'à tomber gravement malade. Sa séparation avec

---

[40] Emily Brontë, *Hurlevent, op. cit.*, p. 136. Nous soulignons.

[41] Laetitia Hanry, « Les deux quêtes du paradis amoureux. Des Hauts de Hurle-Vent d'Emily Brontë », dans 37 *études critiques : littérature générale, littérature française et francophone, littérature étrangère - Cahier XXVII*, Rennes, Presses universitaires de Rennes, coll. « Nouvelles Recherches sur l'Imaginaire », 1999, p. 253.

Heathcliff est déjà scellée à travers l'image de l'arbre que la foudre fend en deux.

Dans *Que cherches-tu ?* Jeanne décide aussi d'aller contre son cœur lorsqu'elle décide de repousser Edward O'Perk et de l'amener à croire qu'elle s'intéresse à un autre. Nous trouvons toujours le même complexe métaphorique typique de la littérature romantique : « série de jours orageux [...] des éclairs passent menaçants [...] le tonnerre roule comme une voiture trop pleine qui va verser[42] ». Jeanne souffre de devoir faire taire son désir : « Refouler des mots que le cœur, pareil à une mer agitée, rejette ainsi qu'une écume dorée ! ... se taire ! ... et entendre parler trop fort son cœur ![43] ». Un peu plus loin, la séparation se trouve scellée le soir où Edward lui propose de le considérer comme un père. De fait, la nature participe à l'expression de ce moment douloureux : « Les goélands sans ailes pleuraient dans la *nuit* opaque. Il faisait un de ces froids piquants qui rendent le *brouillard* agressif, comme s'il était

---

[42] Antoinette Peské, *Que cherches-tu ? op. cit.*, p. 65.
[43] *Ibid.*, p. 66-67.

rempli d'épingles[44] ». Nous trouvons la même association entre *nuit* et *brume* qui ne cessera de se répéter comme dans *Hurlevent*. Tel que le soutient Hanry, « le leitmotiv de la nuit et de la brume fait référence à des ténèbres enveloppantes et néfastes[45] ». Le désir que l'on tait, se confond avec les ténèbres où on le fait entrer, il inflige la souffrance et la tendance à se torturer et à torturer l'autre. Jeanne aussi tombe malade après cet événement. Par conséquent, il apparaît que les deux romans de Peské et Brontë illustrent la fuite face au désir ou plutôt la peur de succomber au désir. S'agit-il de maintenir l'état de tension ?

Le moment qui marque le point de chute dans *La Boîte en os* est bien différent. Depuis son enfance, John, qui ne trouve rien de naturel, craint de se noyer dans les yeux de Margaret qui est son amie d'enfance. Un jour, il franchit les limites : « Je pris sa tête dans mes mains [...] dites-moi vrai avec vos yeux…une lueur très brillante [...] passa en biais d'un coin de

---

[44] *Ibid.*, p. 83. Nous soulignons.

[45] Laetitia Hanry, « Les deux quêtes du paradis amoureux », *op. cit.*, p. 253.

l'œil à l'autre, repassa et disparut. J'étais maintenant au-dessus d'un gouffre d'eau glauque, je sentais que j'allais tomber dedans infailliblement[46] ». Ensuite, dominé par la pulsion, voulant déchirer le voile, il verse de l'encre sur le visage de sa compagne d'enfance. Par la suite, John perd contact avec son amie de peur de commettre un geste irréparable, convaincu d'être dominé par une force invisible : « J'eus peur de la force invisible qui m'avait fait agir de la sorte[47] ». Qu'est-ce que cette force sinon la pulsion ? Mais que vise-t-elle au juste ? Quand il se regardait dans un miroir, il lui semblait voir dans ses yeux « une expression diabolique ». Avec cette expression, la métaphore du diable fait son entrée en scène et ouvre la voie à la pulsion sadique.

Le sadomasochisme : une composante essentielle

La psychanalyse nous enseigne que lorsque la pulsion n'atteint pas son objet, elle se fraie un chemin vers d'autres

---

[46] Antoinette Peské, *La Boîte en os*, *op. cit.*, p. 38-39.

[47] *Ibid.*, p. 39-40.

objets susceptibles de la satisfaire [48] . La pulsion sadomasochiste est l'un de ces chemins. Le masochisme est complémentaire au sadisme. Selon Freud, ces deux pulsions « s'opposent et se complètent, comme deux dimensions, active et passive, de la même pulsion [...] en dépit de la possible prédominance d'une des deux formes[49] ». Certes nous pouvons déjà déceler dans *Que cherches-tu ?* des tendances sadomasochistes, le texte nous présente une tentative réciproque de se torturer tout en torturant l'autre : « Il est tout à fait charmant, ce Francis Swan[50] », dit Jeanne. Ceci est un coup violent lancé à Edward afin de tuer tout espoir d'une relation entre eux, auquel il riposte après avoir été écrasé par la douleur qu'elle lui a infligée. La narratrice confirme :

Je ne me doutais pas que mon misérable projectile allait être surpassé par ce que Sir O'Perk préparait en

---

[48] Élisabeth Blanc, « Pulsion de mort. Désir de rien : les destins de la pulsion de mort », *Actes du séminaire de psychanalyse 1999 – 2000*, Faculté de lettres de Nice, 1999, p. 12.

[49] Sigmund Freud, *Du masochisme [format epub]*, trad. C. C. Skalli, Paris, Éd. Payot & Rivages, coll. « Petite Bibliothèque Payot », 2011.

[50] Antoinette Peské, *Que cherches-tu ? op. cit.*, p. 82.

> silence – un tir d'une violence tout inattendue : Jeanne, voulez-vous être mon enfant ? proféra-t-il d'une voix *éteinte* - et cette voix était encore trop *forte*[51].

Ces tendances seront maintenues jusqu'à la fin tragique du roman. Cependant, c'est dans *La Boîte en os* et *Hurlevent* que se manifeste la pulsion sadomasochiste la plus dévastatrice. Tel que nous l'avons mentionné ci-dessus, *Hurlevent* s'ouvre sur une atmosphère de violence qui se manifeste à travers la métaphore du vent (Hurlevent) et la description du premier narrateur : « la force des vents du Nord qui balaient la crête, rien qu'à voir quelques sapins chétifs[52] ». Cette description de la violence du vent s'accorde avec les pulsions indomptables de Heathcliff et sa soif de vengeance vu le traitement dégradant qu'il a subi lorsqu'il était enfant, une fois arrivé à Hurlevent. Dès son enfance, Heathcliff est comparé à une bête sauvage. Mais, ce n'est qu'en devenant adulte et surtout après la trahison de Catherine qu'il devient un tyran. Il est à de nombreuses

---

[51] *Ibid.*, p. 83. Nous soulignons.
[52] Emily Brontë, *Hurlevent, op. cit.*, p. 23.

reprises associé à des figures fantastiques et surnaturelles, comme le démon, le vampire ou la goule. Heathcliff est dominé par la pulsion sadique qu'il dirige vers tous les autres incluant sa bien-aimée. Catherine ne manque pas de le lui dire quand il lui révèle son intention d'épouser Isabelle, la sœur d'Edgar : « Votre félicité consiste, comme la sienne [*Satan*], à infliger la souffrance[53] ». On entend la rupture de ton à travers l'usage des termes opposés : félicité et souffrance, ce qui constitue une caractéristique du sadisme : se donner du plaisir en torturant l'autre.

Dans *La Boîte en os*, une fois adulte, John épouse Margaret, son amie d'enfance. On pourrait penser que le roman évolue vers l'atteinte de l'objet du désir, pourtant, le texte confirme le contraire : « l'air qu'on respire au sommet du *bonheur* est si *déprimant*[54] ». Nous retrouvons la même opposition dans cette citation bien que le contexte soit différent. De quoi souffre-t-on ? De « Ne pas pouvoir être un avec ce qu'on aime ![55] » La

---

[53] *Ibid.*, p. 180. Nous soulignons.

[54] Antoinette Peské, *La Boîte en os, op. cit.*, p. 90. Nous soulignons.

[55] *Ibid.*, p. 91.

rencontre sexuelle ne réalise pas le rêve de fusion avec l'être aimé, comme s'il y avait quelque chose au-delà, à laquelle on n'arrive pas à accéder. Le désir de faire *Un* engendre une soif de possession absolue, qui est une forme d'emprise. Dans *Métapsychologie*, Freud relie la pulsion d'emprise au sadisme : « À l'échelon plus élevé, de l'organisation prégénitale sadique-anale, l'aspiration vers l'objet apparaît sous la forme de la poussée à l'emprise qui ne se soucie pas de nuire à l'objet ou de l'anéantir[56] ». Freud associe une part de la pulsion d'emprise à la pulsion de mort en raison des similarités qu'elle partage avec la compulsion de répétition. La volonté de détruire, de contrôler ou de maitriser se joint à Thanatos dans la mesure où les actions sont tournées vers l'extérieur. Ainsi, le passif devient actif et le sujet se complaît dans la souffrance de l'autre. La pulsion d'emprise, liée à la fois à la sexualité et à l'agression, est d'abord reconnue comme une pulsion sexuelle sadique, voire cannibale. Heathcliff est décrit comme un démon cannibale qui exerce une emprise sadique sur ceux

---

[56] Sigmund Freud, *Métapsychologie*, trad. P. Koeppel, Paris, Flammarion, coll. « Champs », [1915] 2019, p. 106-107.

qui l'entourent et en jouit: « [...] **ses dents aiguisées, qui se découvraient sous la sensation du froid et l'effet de la rage, luisaient dans l'ombre comme celles d'un cannibale**[57] », tandis que John avoue lui-même : « **Ces contacts brutaux [...] m'apaisaient momentanément tout en m'abêtissant progressivement**[58] » ; et plus loin : « **j'entendais gémir Margaret avec une sorte de satisfaction animale**[59] ».

L'emprise traduit une tendance à la « neutralisation du désir d'autrui », il s'agit de réduire toute altérité. La visée de l'emprise est de ramener l'autre à la fonction et au statut « d'objet entièrement assimilable »[60]. Ainsi, John, convaincu qu'une barrière le sépare de sa femme, devient trop irritable : « je rugissais comme un dément[61] ». Remarquons le jeu de mots dans cette citation, l'énonciation a recours au terme dément qui nous renvoie à son homonyme « démon », figure

---

[57] Emily Brontë, *Hurlevent, op. cit.*, p. 273.

[58] Antoinette Peské, *La Boîte en os, op. cit.*, p. 92.

[59] *Ibid.*, p. 100.

[60] Roger Dorey, « La relation d'emprise », *Nouvelle Revue de psychanalyse*, n° 24, automne 1981, p. 118.

[61] Antoinette Peské, *La Boîte en os, op. cit.*, p. 100.

associée au complexe métaphorique du diable, typique du romantisme noir, et qui illustre la pulsion sadique. Pensant que l'autre se refuse à lui (« Vous faites exprès de vous cacher à moi [62] »), le sujet n'arrête pas de l'injurier et de le torturer. C'est là que nous assistons à la subversion de l'amour en haine :

> **Si le sadisme originaire ne se voit ni tempéré ni mélangé, alors s'établit l'ambivalence bien connue de l'amour et de la haine dans la vie amoureuse. Si une telle hypothèse est permise, nous aurions réussi à mettre en évidence [...] un exemple de pulsion de mort[63].**

Ultimement, la haine peut viser jusqu'à la destruction de l'objet et devenir un aspect de la pulsion de mort. On sait que Freud n'a jamais su (ou n'a jamais voulu) trancher sur le problème de l'antériorité du sadisme ou du masochisme. Dans la théorie freudienne, le masochisme primaire précède le sadisme ; et sous l'effet de l'action de l'autre, qui angoisse le sujet, le masochisme primaire se transforme, selon le circuit

---

[62] *Ibid.*, p. 127.

[63] Sigmund Freud, *Essais de psychanalyse, op. cit*, p. 114.

des pulsions, en sadisme ; agressivité négative dirigée contre l'objet [64] . Ainsi, la douleur surgit, dans la pulsion sadomasochiste, en tant que le sujet l'éprouve de l'autre, le sujet devient alors sadique en tant que « la boucle achevée de la pulsion a fait entrer en jeu l'action de l'autre »[65]. Ce qui n'empêche pas le sadisme de régresser plus tard ou de se transformer de nouveau en masochisme. La pression conduisant au passage à l'acte augmente, John s'imagine pouvoir atteindre quelque chose de l'objet en le détruisant. L'écriture tend à répéter les termes « front » et « barrière »

---

[64] Dans *Métapsychologie*, nous lisons : « La conception du sadisme achoppe en outre au fait qu'à côté de son but général [...] cette pulsion semble aspirer à une action répondant à un but tout à fait spécifique. A côté de l'humiliation, de la domination, il s'agit d'infliger des douleurs. Or, la psychanalyse semble montrer qu'infliger la douleur ne joue aucun rôle parmi les actions ciblées initiales de la pulsion [...] Mais une fois que la transformation en masochisme s'est accomplie, les douleurs se prêtent parfaitement à définir un but passif masochiste [...] Dès lors que ressentir des douleurs est devenu un but masochiste, le but sadique peut lui aussi rétroactivement réapparaitre : infliger des douleurs dont on jouira soi-même de façon masochiste dans l'identification avec l'objet souffrant à mesure qu'on les fera subir à autrui [...] Jouir de la douleur serait donc un but originellement masochiste, qui néanmoins ne peut devenir un but pulsionnel que chez le sadique originel » (Sigmund Freud, *Métapsychologie, op. cit.*, p. 92-93). D'où la difficulté de trancher sur le problème de l'antériorité du sadisme ou du masochisme.

[65] Jacques Lacan, *Le séminaire, Livre XI, les quatre concepts fondamentaux de la psychanalyse*, Paris, Seuil, coll. « Champ freudien », 1973, p. 167.

avant le passage à l'acte. Le texte fait face à l'impossible à atteindre de l'Autre barré. Il y a la rupture de lien avec le système représentatif, ce qui transforme le sadisme en une destruction libre. Comme il est écrit dans *La Boîte en os* : « cette barrière osseuse [...] osait s'opposer à moi, me narguer... C'en était trop ! Je...je... [66] » En somme, l'écriture piétine et multiplie les points de suspension qui marquent l'impossibilité de dire, la faille, et aussi l'horreur. La voix narrative nous laisse deviner la suite.

Il en est de même dans *Hurlevent* qui met en perspective la logique sadomasochiste à travers le personnage de Heathcliff, Les violences subies par lui dans son enfance, sont répétées par lui. Le texte met en relief la logique du circuit pulsionnel où le passif se transforme en actif. Une fois adulte, devenu le propriétaire de la maison, à la mort de ce dernier, il devient le tuteur de Hareton, le fils du défunt, et se consacre à son avilissement. L'écriture nous présente sa vengeance

---

[66] Antoinette Peské, *La Boîte en os, op. cit.*, p. 104.

comme une tentative de libération qui cependant répète le scénario familial :

> **Hareton, qui serait aujourd'hui le premier notable du pays, fut réduit à un état de complète dépendance par l'ennemi invétéré de son père. Il vit comme un domestique dans sa propre demeure, n'ayant pas l'avantage de recevoir un salaire et parfaitement incapable de se faire rendre justice[67].**

Tout se passe comme s'il devait chercher à détruire les obstacles qui constituent une barrière entre lui et l'accomplissement de son désir, même si la conséquence est de détruire l'être aimé (l'autre), jusqu'à se détruire lui-même. Le sadisme de Heathcliff est dirigé contre ses ennemis, mais aussi sa bien-aimée Catherine après sa trahison, et plus tard contre son fils et Cathy, la fille de Catherine. Dans *La Littérature et le mal*, Bataille a remarqué la puissance de cet acharnement : « il n'est pas de loi ni de force, de convention ni de pitié qui arrête un instant la fureur de Heathcliff : la mort elle-même, puisqu'il est, sans remords, et passionnément, la

---

[67] Emily Brontë, *Hurlevent, op. cit.*, p. 289.

cause de la maladie et la mort de Catherine, que cependant il tient pour sienne[68] » : « Vous m'avez tuée… et cela vous a profité, il me semble. Que vous êtes vigoureux ! Combien d'années comptez-vous vivre quand je ne serai plus là ? [69]» Il semble alors que la pulsion sadomasochiste traverse tout le drame : cette citation met en relief la complémentarité de ces deux perversions à travers le personnage de Catherine qui est en train de torturer Heathcliff bien qu'elle soit à l'origine de sa propre souffrance. N'est-ce pas elle qui a choisi de trahir son cœur et d'épouser un autre ? Nous reconnaissons ici la thématique des passions tragiques dignes du romantisme noir. Tel que nous pouvons le constater, la destruction qu'exerce Heathcliff envers autrui n'est pas physique, mais morale. Il les vampirise, il ne s'agit pas de les tuer mais de les ruiner, il attend alors le moment propice pour attaquer. Après avoir frappé Hindley, il panse sa blessure : « Il montra une extraordinaire domination de soi-même en s'abstenant de l'achever [...] Il déchira alors la manche de la veste

---

[68] Georges Bataille, « Emily Bronte », *La littérature et le mal*, Paris, Gallimard, coll. « Folio », [1957] 1991, p. 15.

[69] Emily Brontë, *Hurlevent, op. cit.*, p. 246.

d'Earnshaw et banda la blessure avec une dureté cruelle[70] ». Il l'a laissé s'autodétruire pour profiter de sa ruine. Plus loin, lorsqu'il tente de convaincre Cathy d'épouser son fils Linton, il dit : « Si j'étais dans un pays où les lois sont moins sévères [...] je me donnerais le plaisir d'une lente vivisection sur ces deux êtres-là pour passer la soirée [...] Par l'enfer, je les hais ![71] » À remarquer que c'est de son propre fils qu'il parle. Cet insatiable appétit de violence qui relève de la haine est un produit de la pulsion de mort. L'écriture nous montre un père cruel qui ne se soucie guère de la santé déclinante de son fils et veut s'assurer de mettre la main sur la maison de Cathy :

> **Je ne pouvais imaginer un père assez volontaire et assez cruel pour obliger un enfant mourant à feindre cette ardeur ; car, je l'appris plus tard, c'est là ce que sut machiner Heathcliff ; et ses efforts redoublaient à mesure que son plan cupide et inhumain risquait d'être déjoué par la mort[72] [...]**

---

[70] *Ibid.*, p. 274.

[71] *Ibid.*, p. 404.

[72] *Ibid.*, p. 389.

Malgré tout, la pulsion d'emprise ne permet jamais de se satisfaire, elle ne saisit jamais complètement ce qu'elle cherche à prendre ou à maîtriser dans l'objet. La satisfaction est temporaire car la pulsion fait le tour de l'objet mais ne l'atteint pas et le cycle recommence : « La satisfaction pulsionnelle est impossible, et, du coup, elle entame un retour à la case départ, comme une sorte de yoyo[73] ». Ainsi, la pulsion doit se trouver un autre chemin toujours à travers le symptôme. Nous pouvons assister alors à un retournement de la pulsion sadique sur le corps du sujet. La pulsion est étendue à toute la fonctionnalité du corps ; on comprend par exemple qu'il puisse y avoir des paralysies du bras ou une cécité hystérique[74]. Effectivement, dans *La Boîte en os*, une cécité s'empare soudainement de John, l'écriture confirme ce retournement à travers l'opposition entre *s'accentuait* et *baissait* : « Le temps passait, ma nervosité s'accentuait. De

---

[73] Patrick Landman et Gérard Pommier, « La pulsion sort du mythe », *Le Refoulement pourquoi et comment ?* Toulouse, Eres, coll. « Point Hors Ligne », 2013, p. 234.

[74] *Ibid.*, p. 243.

plus, il me paraissait que ma vue baissait[75] ». Ce phénomène a été raconté une première fois par le narrateur principal en évoquant sa visite à son ami interné : « ses yeux ouverts qui ne regardaient pas [...] sa main ouverte qui ne prenait pas ! [...] il était devenu fou et aveugle[76] ! ». Nous constatons aussi dans *Que cherches-tu ?* une paralysie qui s'empare d'Edward avant sa mort : « le maître est resté paralysé du côté gauche. Le maître est bien mal[77] » ; « ses yeux se remplirent d'extase, mais ils regardaient déjà dans l'autre monde. Près de moi, il n'y avait plus qu'un corps douloureux[78] ». Ici, l'écriture nous fait assister à un renversement masochiste. Edward s'est laissé aller jusque dans la mort. Douleur et plaisir se trouvent liés ou plutôt complémentaires et l'écriture tend à nous faire croire qu'une parcelle de jouissance est atteinte. Dans *Du masochisme*, Freud avance que :

Le retournement du sadisme contre le sujet lui-même se produit régulièrement dans une situation de

---

[75] Antoinette Peské, *La Boîte en os, op. cit.*, p. 99.

[76] *Ibid.*, p. 23.

[77] Antoinette Peské, *Que cherches-tu ? op. cit.*, p. 135.

[78] *Ibid.*, p. 137.

> régression culturelle des pulsions qui empêche une grande partie des composantes pulsionnelles destructives de la personne d'être utilisées dans la vie [...] La destruction qui fait retour du monde extérieur vers le sujet est reprise par le surmoi même sans une telle transformation et augmente son sadisme à l'égard du moi[79].

Le sadisme et le masochisme se complètent et s'unissent pour produire les mêmes effets. Dans *Hurlevent*, l'auteure met en scène deux protagonistes sujets à une sorte de masochisme moral qui se caractérise par un sentiment inconscient de culpabilité, fantasmatiquement *racheté* par un imaginaire de la punition et de la souffrance. Ainsi, écrit Freud, le masochiste moral « doit faire ce qui est inopportun, agir contre ses intérêts, détruire les perspectives qui s'ouvrent à lui dans le monde réel, et éventuellement annihiler sa propre existence réelle[80] ». Le roman de Brontë manifeste un jeu d'oppositions qui illustre cette complémentarité du sadisme et du masochisme ; entre autres, à travers la description d'une Cathcrine contrariée qui subit des crises jusqu'à tomber

---

[79] Sigmund Freud, *Du masochisme, op. cit*, s.p.
[80] *Ibid.*

vraiment malade : « Elle était couchée là, *jetant sa tête* contre le bras du canapé et grinçant des dents, à croire qu'elles les *briseraient en éclats* [...] Elle *se raidit*, ses yeux *se révulsèrent*, tandis que ses joues, devenues *blanches et livides,* prenaient l'apparence de la mort [81] ». Et plus loin : « Catherine elle-même s'obstinait à jeûner, probablement avec l'idée qu'à chaque repas Edgar ne pouvait plus manger devant la place vide et que l'orgueil l'empêchait seul de courir se jeter à ses pieds[82] ». Ainsi, elle a entamé sa descente aux enfers à travers un long délire mêlé à une nostalgie d'un retour en arrière, à Hurlevent, au paradis perdu de l'amour. Ce rêve d'un retour à un état antérieur est une caractéristique de la pulsion de mort : « Si seulement j'étais dans mon lit d'autrefois, là-bas, dans la vieille maison ! [...] Ce vent qui sifflait dans les pins et passait par les persiennes. Laissez-moi le sentir... il vient droit de la lande... Laissez-moi en respirer une bouffée ![83] » Vu que le retour est impossible, la mort est la seule solution,

---

[81] Emily Brontë, *Hurlevent, op. cit.*, p. 188-189. Nous soulignons.
[82] *Ibid.*, p. 190.
[83] *Ibid.*, p. 197.

c'est ainsi qu'elle se désintéresse de la vie et désire la mort :
« La flamme de son regard avait fait place à une douceur
mélancolique et rêveuse ; il ne donnait plus l'impression de
considérer les objets environnants; et semblait toujours fixé
au-delà... on aurait dit hors de ce monde[84] ». On retrouve
cette sorte de paix funèbre — quand les yeux sont fixés au-
delà de ce monde — dans *Que cherches-tu ?* et qui est l'une des
thématiques du romantisme noir qui fait de la mort un
apaisement, voire un accomplissement. La mort de Catherine
marque la fin du circuit pulsionnel, la boucle est bouclée ; la
pulsion a atteint son objectif sur le corps du personnage le
conduisant à sa propre abolition ; le corps étant la source et le
but du circuit pulsionnel. Après la mort de Catherine, la vie
de Heathcliff est devenue un enfer sur terre. Il se venge de ses
ennemis, accumule biens et richesses, pourtant, il n'est pas
satisfait. Il voit Catherine partout, surtout en regardant
Hareton et Cathy qui lui ressemblent. Il réalise qu'il n'a plus
envie de poursuivre sa vengeance : « je m'aperçois que je n'ai
plus l'envie d'ôter une simple tuile des toits [...] j'ai

---

[84] *Ibid.*, p. 243.

simplement perdu la faculté de jouir de leur destruction[85] ». Il réalise alors que l'enfer qu'il a créé pour les autres n'a plus de valeur. Son pouvoir destructeur se tourne vers l'intérieur. Comme l'écrit Freud, « le masochisme moral devient le témoin classique de l'existence d'une union des pulsions. Son caractère dangereux tient au fait qu'il provient de la pulsion de mort et correspond à la part de celle-ci qui a échappé à l'orientation vers l'extérieur sous la forme de la pulsion de destruction [86] ». Heathcliff se désintéresse de la vie quotidienne et, à l'image de Catherine, se voue à sa propre autodestruction qu'il réalise avec joie : « Ce n'est pas ma faute si je ne puis ni manger ni dormir […] Je suis trop heureux ; et cependant pas encore assez[87] ». Il ne rêve qu'à une seule chose : rejoindre Catherine dans et par la mort : « Aujourd'hui je suis près d'atteindre mon paradis. Mes yeux l'aperçoivent, à peine trois pieds m'en séparent[88] ». Le paradis dont il parle est celui de l'amour perdu de l'enfance, le désir d'union avec

---

[85] *Ibid.*, p. 480-481.

[86] Sigmund Freud, *Du masochisme, op. cit.*, s.p.

[87] Emily Brontë, *Hurlevent, op. cit.*, p. 495-496.

[88] *Ibid.*, p. 489.

Catherine qui n'est possible qu'à travers la mort. Il se laisse affaiblir et sombre dans le délire :

> **On eût dit, en l'observant mieux que ce regard s'arrêtait à quelque chose qui semblait se trouver à deux mètres de lui. Et quoi que ce fût, il en retirait tout à la fois un *plaisir* et une *peine* extrêmes ; du moins l'expression *poignante* et pourtant *ravie* de sa figure le donnait à penser [...] Je perdis mon temps à lui rappeler son jeûne prolongé [...] s'il étendait la main pour prendre un morceau de pain, ses doigts se refermaient avant d'avoir rien saisi[89] [...]**

Nous constatons le lien que cette citation tisse entre peine et plaisir. Il s'agit de deux termes opposés, mais qui semblent ici synonymes. Ces deux termes peuvent être complémentaires, à l'instar du sadisme et du masochisme. Apparemment, la douleur peut être une source de jouissance. Freud affirme :

> **« Comme le masochisme moral possède la signification d'être une composante érotique, même l'autodestruction de**

---

[89] *Ibid.*, p. 493. Nous soulignons.

**la personne ne peut se produire sans engendrer une
satisfaction libidinale[90] ».**

La compulsion de répétition

Comme nous l'avons dit précédemment, une des modalités
de la pulsion de mort se trouve dans la compulsion de
répétition ; une marque du travail de liaison qui n'arrive pas
à s'accomplir. Son but est le retour à un état antérieur
s'effectuant au moyen de souvenirs continuellement revisités
et d'actions répétées. Dans l'œuvre littéraire, il n'est pas
impossible de comparer la répétition des actions et des signes
à ce que Freud isole en termes de compulsion de répétition.
Dans nos trois romans, nous pouvons relever des répétitions
d'actions et de noms ; jusque dans le dédoublement du récit,
lui-même hanté par la figure du double. Dans *Que cherches-
tu ?* il est évident que l'histoire se répète. Jeanne reproduit de
façon inconsciente la même erreur faite par Mrs. O'Perk après
la mort de son amant : « Il ne voit pas le malheureux que j'ai
pour amant celui que vous aimâtes trop Mrs. O'Perk : le

---

[90] Sigmund Freud, *Du masochisme, op. cit.*, s.p.

souvenir ![91] » avoue Jeanne en parlant de sa relation avec son mari. Ainsi, le couple Jeanne/Montagu devient le double du couple O'Perk. Observons la structure qui se répète dans ces deux citations qui font de Montagu le double d'Edward. Ce dernier avait dit à Jeanne : « **je me crois un ennemi quelque part. Je le vois partout, mais je n'arrive pas à le saisir. C'est lui, lui qui doit être la cause de mon malheur ![92]»** À ces paroles font écho celles que prononce Jeanne à la fin : « **l'oreille tendue, l'oeil hagard, mon mari fait le tour de notre maisonnette. Il épie tout bruit. Il se fait un ennemi du palpable et de l'impalpable. Il va... Il cherche ; il cherche son rival insaisissable[93]»**.

Il en est de même dans *Hurlevent,* où l'on observe plusieurs répétitions qui donnent au récit une tournure diabolique. Comme nous l'avons vu ci-dessus, Heathcliff s'est vengé de Hindley en faisant de Hareton une copie de ce qu'il avait été enfant : « nous verrons si un arbre peut résister mieux qu'un

---

[91] Antoinette Peské, *Que cherches-tu ? op. cit.*, p. 141.

[92] *Ibid.*, p. 84.

[93] *Ibid.*, p.141.

autre quand le même vent les fait plier[94] ». Cependant, un peu plus loin, Heathcliff avoue que Hareton lui ressemble : « Hareton m'a semblé être non un être humain, mais la personnification de ma jeunesse[95] ». Ainsi, quand il voit le lien qui se tisse entre ce dernier et Cathy, qui ressemble à sa mère, il n'intervient pas, comme s'il voyait en eux le couple qu'il désirait former avec Catherine. Une autre répétition, qu'on a soulevée ci-dessus, se reconnaît dans l'image répétée de l'autodestruction. La narration nous a transmis une répétition du délire et du désir de mourir des deux protagonistes. Tous deux ont entrepris une lutte contre la vie, leur hâte d'embrasser la mort est illustrée dans ces paroles de Catherine : « Ce sera un moyen rapide d'en finir[96] » ; et plus loin : « Mais elles ne m'empêcheront pas d'aller dans mon étroite demeure qui est là-bas ; refuge où je serai sûrement avant la fin du printemps [...] Ma demeure ne se trouve pas entre les Linton [...] elle est à l'air libre sous une dalle[97] ». Le

---

[94] Emily Brontë, *Hurlevent, op. cit.*, p. 288.

[95] *Ibid.*, p. 481-482.

[96] *Ibid.*, p. 187.

[97] *Ibid.*, p. 202-203.

texte répète les mêmes paroles et actions de Catherine à travers le personnage de Heathcliff qui manifeste le même désir d'en finir :« Je n'ai qu'un but, auquel l'essence de mon être et toutes mes facultés aspirent […] j'ai la conviction de l'atteindre − et bientôt − […] Cette lutte est longue ! Comme je voudrais qu'elle prît fin ![98] ».

Dans *La Boîte en os*, la compulsion de répétition se manifeste différemment. Dans tout le roman, nous remarquons une tendance à la répétition à caractère démoniaque qui s'apparente à l'obsession, et qui n'arrive pas à être brisée. Dès le début, il apparait que John est obsédé par le regard et le désir de voir au-delà du visible : « Les yeux… Je ne me lasserai jamais d'attendre derrière ces portes de notre subconscient qui font croire, qu'à travers leurs vitres coloriées, elles montrent quelque chose et qui, lorsqu'on les force, s'ouvrent sur le néant ![99] » Ceux de son amie d'enfance, Margaret, ont un effet dévastateur sur lui : « voir immobiles

---

[98] *Ibid.*, p. 484.

[99] Antoinette Peské, *La Boîte en os, op. cit.*, p. 30-31.

devant moi ces flaques vertes où je cherchais désespérément ce que, malgré tout, j'espérais y découvrir, constituait pour moi une épreuve qui dépassait de beaucoup mes forces[100] ». Apparemment, John cherche l'impossible à atteindre derrière les yeux, le mystère de l'autre, qu'on ne peut pas percer, il cherche ce qui ne peut se voir, pour ne trouver que frustration et angoisse. C'est ainsi qu'un jour, tel que nous l'avons déjà souligné, dominé par la pulsion, pensant qu'il va se noyer dans les yeux de Margaret, il verse de l'encre sur son visage. Après plusieurs années, le destin fait en sorte qu'il la revoit. La première chose que le texte évoque à propos de cette rencontre est le vertige du regard : « deux yeux qui me fixaient [...] quelque chose de singulier qu'il y avait en eux [101] ». Et ça recommence : « Les yeux de mon amie retrouvaient leur caractère de jadis, leur matière, leur vide profond dans lequel j'avais failli tomber...me noyer ! Je tremblais...[102] » Sous le signe des points de suspension, la voix

---

[100] *Ibid.*, p. 38.

[101] *Ibid.*, p. 78.

[102] *Ibid.*, p. 83.

narrative hésite, trébuche et se reprend en suscitant un effet de choc. Or, c'est aussi, nous semble-t-il, une marque de la liaison (narrative cette fois-ci) qui n'arrive pas à s'accomplir. Comme si dans la narration elle-même devait percer la sensation d'une angoisse où l'on se retrouve dans l'attente de quelque chose qui pourtant ne survient jamais.

Le double et l'inquiétante étrangeté

La meilleure manifestation de la compulsion de répétition se réalise à travers la structure du double, surtout lorsqu'il s'agit d'un double inquiétant, voire fantomatique. Que ce soit dans *La Boîte en os* ou dans *Hurlevent*, la présence du double s'inspire d'un imaginaire du surnaturel. Nous rencontrons alors les métaphores du fantôme et du spectre. Dès le début de *Hurlevent*, le fantôme de la première Catherine se manifeste dans le cauchemar de Lockwood, lui qui avait « déchiffré et puis répété les appellations trompeuses "Catherine Earnshaw… Heathcliff… Linton… [103]" sans se douter que ces noms écrits par la première Catherine

---

[103] Emily Brontë, *Hurlevent*, *op. cit.*, p. 45.

avaient été ou seraient portés successivement (et dans l'ordre inverse) par la deuxième[104] » qui est une réincarnation de sa mère. Remarquons l'usage des points de suspension entre les trois noms, qui suggère probablement une fissure temporelle. Lockwood évoque la possible confusion entre les deux Catherines : « Après une minute de réflexion, je compris qu'il ne pouvait s'agir de ma Catherine fantôme [105] ». Déjà Catherine vivante avait un aspect spectral : « Mrs Linton, vêtue d'une robe blanche et flottante [...] était assise, suivant son habitude, dans le renforcement de la fenêtre ouverte [...] Elle avait beaucoup changé [...] mais, dans ses moments de calme, une beauté surnaturelle s'alliait à ce changement[106] ». Depuis la mort de Catherine, son fantôme n'a cessé d'errer dans la lande selon le cauchemar de Lockwood dans lequel il a vu le fantôme-enfant de Catherine qui lui disait : « Je rentre à la maison, j'avais perdu mon chemin dans la lande ![107] » Or, celle qui habite dorénavant à Hurlevent n'est autre que sa fille

---

[104] Jean-Pierre Petit, *L'œuvre d'Emily Brontë, op. cit.*, p. 163.

[105] Emily Brontë, *Hurlevent, op. cit.*, p. 66.

[106] *Ibid.*, p. 242-243.

[107] *Ibid.*, p. 54.

Cathy. Le parallélisme se confirme par la première visite de Cathy à Hurlevent lorsque Nelly la découvre assise dans une petite chaise ayant appartenu à sa mère. Tout ce qui précède contribue à susciter un sentiment d'inquiétante étrangeté. Selon Freud, l'élément *inquiétant familier* de la fiction (au sens du texte littéraire) a « une teneur bien plus riche que l'inquiétant du vécu, il l'englobe entièrement, mais regroupe aussi d'autres éléments qui n'apparaissent pas dans les conditions du vécu[108] ». Ici, c'est le motif du double qui donne cette impression d'inquiétante étrangeté. Heathcliff avait prié Catherine de lui envoyer son fantôme et voilà que son fantôme ne cesse de le hanter, ce fantôme qui se manifeste partout. Il voit les yeux de Catherine dans ceux de sa fille, ce qui l'empêche de l'agresser : « subitement ses doigts se desserrèrent ; il lui lâcha la tête, lui prit le bras, et la considéra fixement. Puis il lui mit la main sur les yeux, se tint un instant immobile sans doute pour se ressaisir[109] ». Il en est de même pour les yeux de Hareton qui ressemblent à ceux de sa tante,

---

[108] Sigmund Freud, *L'inquiétant familier*, trad. O. Mannoni, Paris, Payot & Rivages, coll. « Petite Bibliothèque Payot », [1919] 2011, p. 82-83.

[109] Emily Brontë, *Hurlevent*, *op. cit.*, p. 477.

cette ressemblance bouleverse Heathcliff : « cette ressemblance désarma Mr. Heathcliff. Il se dirigea vers la cheminée, dans un état d'agitation très manifeste [110] ». Heathcliff l'explique lui-même en avouant que Hareton lui rappelle sa jeunesse, en même temps qu'il ressemble à Catherine et devient alors « le fantôme de son amour immortel [111] ». Il s'abstient de faire le mal contre eux et poursuit son chemin vers la mort. Ainsi, un nouveau couple est créé : remarquons le jeu de lettres C et H dans Catherine-Heathcliff ensuite Cathy-Hareton. Selon Laetitia Hanry, « la création artificielle d'un double du couple des amants maudits à travers leurs descendants Cathy et Hareton constitue une tentative pour apprivoiser le temps et ainsi abolir la distance qui sépare leurs aînés [112] ». Heathcliff et Catherine renaissent à travers la deuxième génération, et réalisent leur idéal, comme le dit Judith Bates, sous

---

[110] *Ibid.*, p. 480.

[111] *Ibid.*, p. 482.

[112] Laetitia Hanry, « Les deux quêtes du paradis amoureux », *op. cit.*, p. 255.

« l'apparence surnaturelle, la perpétuation de la forme[113] ». Jusque-là, le roman se plaçait sous le signe de la pulsion de mort, pourtant, le ton change, le nouveau couple se trouve en contraste évident avec le premier : « à la complicité de l'enfance succède la solidarité d'une adolescence qui s'ouvre vers l'avenir. L'intrigue révèle donc ainsi à la fois l'échec et l'angoisse [signal d'une libido inassouvie, dirait Freud] et l'espoir d'un dépassement[114] ». Le cycle est brisé et la mort fait place à la vie.

Dans *La Boîte en os*, le double se manifeste différemment et pourrait être le produit d'une imagination malade. Cependant, il conserve un aspect surnaturel inquiétant. Après tant d'analepses, la narration nous projette dans un récit assez bizarre qui ressemble à un conte fantastique. Ce récit qui surgit après un vide temporel de trente-huit ans est pris en charge par le narrateur principal, Norbert, qui raconte des événements vécus par lui seul, et selon son point de vue. Nous

---

[113] Judith Bates, *L'onirisme dans Wuthering Heights d'Emily Brontë : narration, schèmes et symbolisme*, Paris, Lettres modernes, coll. « Situation », 1988, p. 148.
[114] Jean-Pierre Petit, *L'œuvre d'Emily Brontë, op. cit.*, p. 180.

ne saurons jamais si c'est un rêve, un fantasme ou un délire. Norbert retourne en Écosse avec sa petite fille Lucie, et n'arrête pas, durant le voyage, de penser à son ami mort, John, et à la légende selon laquelle il aurait été enterré vivant. Des signes de folie commencent à voir le jour : « Plus nous avancions, plus ma certitude grandissait [...] Enfin, je le reverrais[115] ». Plus tard, il décide d'aller rendre visite à la tombe de son ami, où il s'aperçoit que le cercueil est ouvert et voit un squelette retourné. Il entend une voix, voit le fantôme de son ami et semble croire que ce dernier est ressuscité d'entre les morts : « Ne me poursuis pas, je t'en prie ! Je suis Norbert, ton vieil ami de jeunesse[116] ». Le récit nous place devant une image du double de cet ami : il s'agit de son petit-fils, qui non seulement porte le même nom, mais qui lui ressemble à merveille. La narration introduit cette figure à travers un fait qui peut paraître anodin : les chaussures qui figurent au début du roman, quand le narrateur était assis dans un club londonien, ses yeux s'étant heurtés aux souliers

---

[115] Antoinette Peské, *La Boîte en os, op. cit.*, p. 177.
[116] *Ibid.*, p. 188.

de son ami, ces chaussures se retrouvent dans ce récit qui clôt le roman : « et un jeune homme mélancolique, qui, si l'on juge d'après ses vêtements, et surtout ses chaussures, est étranger au pays[117] », comme s'il s'agissait vraiment d'un cycle délirant qui se répète. Regardons cette belle opposition qui met l'accent sur l'esprit malade du narrateur : « l'homme vu par moi *debout* au cimetière était pareil à l'homme *couché* par moi dans son cercueil[118] ». Cette opposition semble abolir le temps et l'espace, superpose deux temporalités, mais aussi l'image de deux hommes identiques. Cela nous rappelle le motif du double, tel que décrit par Freud, dans toutes ses gradations et spécifications, c'est-à-dire la mise en scène de personnages qui, du fait de leur apparence semblable, sont forcément tenus pour identiques, l'identification à une autre personne et enfin le retour permanent du même, la répétition des mêmes traits de visages, caractères, destins, actes criminels, voire des noms à travers plusieurs générations successives[119].

---

[117] *Ibid.*, p. 189.

[118] *Ibid.*, p. 191-192. Nous soulignons.

[119] Sigmund Freud, *L'inquiétant familier, op. cit.*, p. 56-57.

L'écriture confond les deux Johns comme s'il s'agissait d'une substitution. Ce qui est confirmé à travers la répétition du mot « même » et l'usage des italiques : « avec les mêmes traits, la même stature, les mêmes cheveux, les mêmes yeux, et, ô terreur... la même voix que j'avais entendu au cimetière... *la sienne* [120] ». C'est le narrateur principal qui bégaie maintenant, les points de suspension produisent un effet de choc et renforcent le sentiment d'inquiétante étrangeté. L'usage des italiques marque un « tremblement narratif », il peut articuler « les scandaleux paradoxes du récit »[121]. La narration suggère une répétition démoniaque, d'où son appartenance à la pulsion de mort. Nous pourrons en relever quelques exemples dans l'usage de ces expressions : « vagues glauques », « regard satanique », « les orbites vides comme celles d'un aveugle ou d'un mort »[122], lesquelles rappellent le premier John. Cette répétition crée un malaise chez le lecteur. L'impression de l'inquiétant familier

---

[120] Antoinette Peské, *La Boîte en os*, *op. cit.*, p. 194. L'auteur souligne.

[121] Dominique Rabaté, *La passion de l'impossible*, *op. cit.*, p. 139 et 147.

[122] Antoinette Peské, *La Boîte en os*, *op. cit.*, p. 194-195 et 197.

qui résulte de cette figure du double est reliée au fait que, « dans l'inconscient psychique, on peut en effet discerner la domination d'une contrainte de répétition […] suffisamment forte pour se placer au-dessus du principe de plaisir. Elle confère à certains aspects de la vie de l'âme leur caractère démoniaque[123] ». Apparemment, la folie s'est déplacée de John à Norbert, c'est lui maintenant qui éprouve la sensation de se noyer dans *les yeux* : « Si je n'avais jusqu'alors jamais éprouvé la sensation de me noyer dans les yeux, je l'éprouvai ce jour-là[124] ». C'est ainsi que nous voyons comment la pulsion de mort, par le biais de la répétition, travaille l'énonciation. À son tour, Norbert n'arrive pas à se défaire de la répétition, le travail de liaison ne s'accomplit pas : le terme « autre » se répète comme un leitmotiv : « la manière de l'autre […] les yeux de l'autre […] la position de l'autre […] c'était encore l'autre que je voyais plus que lui[125] ».

---

[123] Sigmund Freud, *L'inquiétant familier*, *op. cit.*, p. 63.

[124] Antoinette Peské, *La Boîte en os*, *op. cit.*, p. 194.

[125] *Ibid.*, p. 196-197.

Tout ce qui va suivre pourrait être le produit de l'imagination malade de Norbert, nous ne le saurons jamais. La narration commence à nous donner des indices de ressemblance entre Lucie, la petite fille du narrateur, et Margaret. Il semble que nous assistons à un retour de la même histoire à travers les petits enfants. La fusion des deux Johns, ou plutôt des deux couples John-Margaret et John-Lucie, se trouve accomplie dans cette scène : « Elle se jeta dans les bras de John et l'embrassa avec une telle frénésie que leurs deux corps roulèrent dans l'herbe[126] » qui fait écho à une scène du passé : « il vit Margaret étendue dans l'herbe, m'attirer vers elle, il vit sa bouche s'entrouvrir. Il me vit, perdant tout contrôle de moi-même, fouler cette bouche de baisers sauvages [127]». Tout cela s'apparente à une régression à un état antérieur, d'où l'usage de l'imparfait : « Ce qui devait arriver était arrivé [128] ». Il s'agit de l'inévitable, ce qu'on ne peut contrôler. Norbert est effrayé par le désir que Lucie éprouve

---

[126] *Ibid.*, p. 199.

[127] *Ibid.*, p. 87.

[128] *Ibid.*, p. 199.

pour le double de son ami. L'expérience du désir, dans ce roman, est angoissante. Elle a abouti à la mort au passé, s'agira-t-il de la même fin ? C'est ce que craint le narrateur. Le double serait un « inquiétant messager de la mort[129] ». Passé et présent se confondent, nous ne savons plus de quel John parle Norbert en disant : « Je me dis que c'était ce monstre qui allait se ruer sur ma belle enfant, la dévorer, me la faire disparaître tout entière ![130] ». Il croit voir dans les yeux de son interlocuteur « vaciller la lanterne de la folie », quand il lui dit : « je te la prendrai[131] ». C'est un récit de la folie transmise non seulement de John à son petit-fils, mais aussi de John à son ami Norbert qui sont liés par une sorte d'amitié fusionnelle. Est-ce que Norbert hallucine en croyant assister à la décomposition de John qui sera identifié à une figure de spectre ? « Celui-ci se mit à fondre [...] Je voyais son visage blanchir, ses joues se creuser, ses mains devenir transparentes [...] ses yeux s'enfoncer loin [...] debout devant moi, était un

---

[129] Sigmund Freud, *L'inquiétant familier*, *op. cit.*, p. 58.
[130] Antoinette Peské, *La Boîte en os*, *op. cit.*, p. 203.
[131] *Ibid.*, p. 204.

spectre ![132] ». Est-ce que la narration suggère, à travers cette description, que les deux Johns sont la même personne, qu'il est revenu sur terre pour accomplir une mission et est ensuite retourné à l'autre monde ? Le narrateur semble convaincu, surtout que s'en suit la mort de Lucie sans raison apparente. Il dit : « John avait dit : " Je te la prendrai ". Et il me l'avait prise ! Il s'était bien vengé[133] ». La boucle est bouclée, la pulsion est arrivée au bout de son circuit et a atteint son but sur les corps, que ce soit à travers la folie ou la mort. Cependant, le récit ne s'arrête pas ici, Norbert croit voir l'âme de Lucie venir à lui et l'entend parler. Est-ce des hallucinations ? De nouveau la métaphore du fantôme ressurgit pour annoncer que le jeune couple a réalisé l'union souhaitée dans l'au-delà : « Ne tremble pas, je n'ai rien d'un fantôme, je suis ta Lucie. Je me suis offerte à la mort pour dominer la vie. John et moi sommes heureux [...] Nos âmes délivrées de leurs chaînes se sont mêlées[134] ». Ce discours

---

[132] *Ibid.*, p. 204-205.

[133] *Ibid.*, p. 206.

[134] *Ibid.*, p. 207.

nous laisse perplexe, il fait écho à des paroles prononcées par le premier John et Margaret : « Il est dans l'autre monde et il m'y appelle. Comme je vais être heureuse de mourir maintenant ![135] » avait dit Margaret dans son délire de mort pensant rejoindre John dans l'au-delà alors qu'il était vivant. Nous en trouvons aussi une nuance dans ces paroles du premier John à Norbert à travers l'opposition entre « délivrées » dans le discours de Lucie et « prisonnières » dans celui de John : « Ces tentatives toujours renouvelées et toujours vaines de rapprochement de deux âmes prisonnières de leur chair m'ont toujours paru des plus tragiques[136] ». L'énonciation pourrait ainsi suggérer que l'impossible union a été atteinte dans la mort, d'où le recours à ce récit fantasmatique. Comme si le couple John-Margaret s'était réincarné dans celui de John-Lucie pour tenter de dépasser l'échec et de réaliser l'union. Cependant, l'espoir de dépassement ici est dans l'au-delà et non sur terre. Ainsi, nous

---

[135] *Ibid.*, p. 130.
[136] *Ibid.*, p. 72.

sommes pleinement dans l'ambiance du romantisme noir qui lie l'amour et la mort.

Le désir et l'absolu

> **Pour Lacan, il semble que le désir soit toujours à la recherche de l'Absolu [...] La position de Lacan pose la question de la constitution psychanalytique de l'Absolu, c'est-à-dire de la constitution de la croyance en une satisfaction ultime qui est en même temps un souvenir de *la jouissance* infantile perdue et le fantasme de sa restauration. En fait, on ne sait pas très bien si l'on peut dire que ce plaisir primitif, indifférencié a existé, si l'on considère que notre seul accès à ce plaisir se fait par le biais d'un langage qui est fondé sur son déni. L'Absolu, alors, peut aussi bien être le *fantasme* du plaisir perdu et interdit, plutôt que le souvenir ou le stade actuel du développement infantile[137].**

On dirait que Peské et Brontë adhèrent à cette constitution de l'Absolu. Comme nous l'avons constaté, les deux romancières présentent une passion mortifère due à un désir d'union impossible à satisfaire sauf dans la mort. *Hurlevent*

---

[137] Judith Butler, *Sujets du désir réflexions hégéliennes en France au XXe siècle*, Paris, Presses Universitaires de France, coll. « Pratiques théoriques », 2011, p. 244-245. L'auteur souligne.

met en évidence le lien qui unit Catherine et Heathcliff. Ceux-ci sont présentés comme ayant le sentiment que leur âme est liée l'une à l'autre, qu'elles ne font qu'une ; Catherine le confirme : « J'existe par Heathcliff[138] » et ce dernier renchérit : « A-t-on envie de vivre quand votre âme est enfermée dans une tombe ?[139] » Ainsi, lorsqu'ils réalisent que le retour au royaume perdu de l'enfance et que leur union sur terre sont impossibles vue la trahison de Catherine, la mort devient la seule issue. Quant à *La Boîte en os*, l'enjeu est bien différent, il s'agit d'un amour fou, d'un désir de possession absolue que l'union charnelle n'arrive pas à assouvir, d'une « avidité de connaissance absolue qui coïncide dans l'anéantissement et la mort[140] ». John désire « la posséder d'une façon absolue[141] » ; cependant, ce désir d'union absolue, dicté par une croyance en une satisfaction primitive perdue, n'est pas réalisable autrement qu'en imagination. Le coup de hache a créé une

---

[138] Emily Brontë, *Hurlevent, op. cit.*, p. 136.

[139] *Ibid.*, p. 251.

[140] Mario Praz, *La chair, la mort et le diable dans la littérature du XIXe siècle, op. cit.*, p. 144.

[141] Antoinette Peské, *La Boîte en os, op. cit.*, p. 95.

brèche entre John et Margaret. Quand elle l'a revu plusieurs années plus tard, elle a réalisé que leur union ne serait possible qu'après la mort. Ainsi, elle a accueilli la mort avec extase : « Lorsqu'il recula, il la vit morte, qui souriait ![142] » En effet, dans le cadre du romantisme noir, la mort est considérée comme une libération. Comme l'écrit Jean Raimond : « La mort est dissolution, mais elle est aussi extase, elle est aliénation et séparation, mais aussi intégration et souverain accomplissement [143] ». Elle permet l'émancipation de la passion et l'affranchissement de toute loi, c'est pourquoi les protagonistes s'y abandonnent totalement. Nous l'avons déjà souligné à travers les paroles de Lucie à son grand-père, ainsi que dans l'attitude extatique d'Edward avant sa mort dans *Que cherches-tu ?* Catherine et Heathcliff ne font pas exception. À sa mort, Catherine paraissait un ange selon la description faite par Nelly : « ses lèvres conservant l'expression d'un sourire : on pensait qu'aucun ange du ciel

---

[142] *Ibid.*, p. 135.

[143] Jean Raimond, *Visages du romantisme anglais*, Paris, Bordas, coll. « Études », 1977, p. 136.

n'aurait pu être plus beau[144] ». Quant à Heathcliff mort, il demeurait farouche, mais « il parut qu'il souriait[145] ». Après tout, il va rejoindre finalement sa Catherine. John est la seule exception à cette dynamique, il n'est pas mort en extase. Ce qui nous amène à examiner sa réaction après la mort de Margaret laquelle diffère de celle de Heathcliff à la mort de Catherine.

Avant sa mort, Catherine manifeste son désir d'être unie à Heathcliff dans la mort : « Je voudrais vous tenir jusqu'à ce que nous soyons morts tous les deux[146] ». Ainsi, elle ne cesse de le hanter jusqu'à la dernière minute, le rendant fou. Heathcliff « cherchera inlassablement à retrouver cette âme arrachée par la disparition de Catherine, en essayant de reprendre contact avec l'entité physique de la bien-aimée à jamais perdue, à commencer par sa dépouille mortelle dès

---

[144] Emily Brontë, *Hurlevent, op. cit.*, p. 255.
[145] *Ibid.*, p. 498.
[146] *Ibid.*, p. 247.

qu'elle sera ensevelie[147] ». Le soir même de son enterrement, il ouvre la tombe pour, une dernière fois, serrer sa bien-aimée dans ses bras, mais au moment d'ouvrir le cercueil, son bras s'arrête : il sent la présence de celle qu'il aime près de lui, non pas sous terre mais sur terre : « Mais, aussi sûrement que les sens devinent dans l'obscurité l'approche d'un corps matériel […] je sentis que Catherine était là […]. Je laissai là mon travail exténuant et me sentis aussitôt consolé[148] » Après dix-huit ans, le lendemain de la mort d'Edgar, Heathcliff fait enlever par le fossoyeur la terre sur la tombe de Catherine. La vue du cadavre intact lui redonne l'espoir de la réunion et il affirme à Nelly : « J'ai rêvé que j'étais allongé pour mon dernier sommeil près de ce corps endormi[149] ». Heathcliff décide même de payer le fossoyeur afin, qu'après sa mort, il réunisse leurs deux cercueils en un seul : « j'ai arraché un des panneaux de côté [...] et j'ai soudoyé le fossoyeur pour qu'il enlève cette planche quand je serai couché là à mon tour. Il

---

[147] Judith Bates, *L'onirisme dans Wuthering Heights d'Emily Brontë, op. cit.,* p. 82-83.

[148] Emily Brontë, *Hurlevent, op. cit.,* p. 432.

[149] *Ibid.,* p. 431.

fera en même temps sauter celle de mon cercueil qui sera établi en vue de cela[150] ». Ainsi, il veut qu'ils soient réunis dans la mort, il continue de raconter son rêve en évoquant cette fusion amoureuse dans la tombe : « mon cœur arrêté contre le sien et ma joue glacée contre la sienne[151] ». Cette scène, quoiqu'elle s'approche de la nécrophilie, s'en écarte car elle est suivie par l'image de la décomposition : « Que j'étais en train de devenir poussière avec elle, et j'aurais connu un bonheur plus grand encore ! [...] Je m'attendais à la trouver ainsi, mais je préfère que cela n'ait pas eu lieu avant que je puisse partager ce sort avec elle[152] ». Et, c'est là que Heathcliff s'abandonne à la mort pour la rejoindre. Ce désir de la dissolution en commun est le « seul véritable accomplissement de la fusion amoureuse. Si la mort possède une telle puissance d'attraction, c'est qu'elle est le but vers lequel tend finalement l'amour[153] ». L'auteure affirme ainsi la continuité de l'expérience amoureuse par-delà la mort, en

---

[150] *Ibid.*, p. 430.

[151] *Ibid.*, p. 431.

[152] *Idem*

[153] Jean-Pierre Petit, *L'œuvre d'Emily Brontë, op. cit.*, p. 198.

éludant la question traumatisante de la fusion charnelle. Selon Jean-Pierre Petit :

> **Il faut un génie incomparable pour frôler d'aussi près l'insoutenable [...] Mais ce mélange d'humour noir [...] de réalisme brut et d'abstraction, s'il écarte tout danger de sensualisme morbide, ne fait que mieux mettre en évidence l'intentionnalité profonde de la nécrophilie : l'accomplissement final de l'amour par-delà la tombe. C'est ici l'essence du thème de l'amour et de la mort[154].**

Nous pourrons dire que Heathcliff et Catherine sont enfin réunis dans une sorte de paradis mystique. Le jeune couple de *La Boîte en os* embarque sur la même voie, mais, nous ne pourrons pas dire de même du couple John-Margaret.

Après la mort de Margaret, John est devenu complètement fou. Lui aussi, a profané deux fois la tombe de sa bien-aimée. La première fois, il a pratiqué vraiment la nécrophilie, comme tentative d'union à sa femme, et il s'en vante : « **Elle avait les cuisses froides, mais si douces à toucher [...] Ah ! Je veux**

---

[154] *Ibid.*, p. 193.

jouir encore... [155] ». Ici, Peské ne frôle pas, elle choque : la scène baigne dans un sensualisme morbide, c'est une perversion totale que nous allons étudier de plus près dans le dernier chapitre. La deuxième profanation a lieu sous peu, lorsqu'il tente de s'unir à sa femme après la pourriture de son corps pour posséder son âme : « Et ton âme je ne l'aurai que lorsque ta chair aura pourri jusqu'à la dernière parcelle... Alors je veux te garder [...] Je veux te garder, Margaret [...] tu pourriras dans mes bras [156] ». Nous constatons la répétition de « je veux te garder » et « pourrir », comme si la dissolution du corps était la condition de la fusion tant souhaitée. Cependant, cette dissolution n'est pas partagée, John veut toujours posséder. Sa profanation de la tombe de Margaret est un défi lancé à Dieu et à la mort ; défi qui semble s'apparenter plus à la folie qu'à l'amour absolu. La fusion n'est pas réalisée, c'est peut-être la raison qui a motivé le recours à un double du couple.

---

[155] Antoinette Peské, *La Boîte en os*, *op. cit.*, p. 154.
[156] *Ibid.*, p. 159.

Ainsi, nous pourrons affirmer que les deux scènes diffèrent malgré leur ressemblance :

> **Au-delà de la nécrophilie perçue par la critique dans l'autre scène où Heathcliff tente de manière désespérée de retrouver le contact avec l'être aimé dans le tombeau, il convient d'insister sur le double désir qui le motive [...] le désir de la rejoindre donnera à Heathcliff la force de soulever la dernière barrière matérielle entre Catherine et lui[157].**

C'est pourquoi le lecteur ne ressent aucun dégoût devant cette scène : « Le rêve de l'immortalité vainc toute notion du corruptible, il poétise la réalité de la mort corporelle[158] ». La barrière qui sépare John et Margaret est complètement différente : tout d'abord, il s'agissait du crâne perçu comme obstacle à la connaissance du mystère de l'autre, ensuite, c'est devenu le corps de l'aimée qui doit pourrir pour que l'amant puisse posséder son âme ; tandis que pour Heathcliff, son désir est de se dissoudre avec elle, de « perdre lui-aussi sa

---

[157] Judith Bates, *L'onirisme dans Wuthering Heights d'Emily Brontë, op. cit..* p. 86.

[158] *Idem*

forme charnelle [...] de transcender la décomposition[159] ». Dans La *Boîte en os*, il n'y a aucune transcendance, comme nous le verrons plus loin, la scène de la nécrophilie est excessivement dégoutante.

Pour conclure ce chapitre, nous pourrons affirmer que dans les trois romans, se manifestent des motions pulsionnelles, des désirs universels et une vérité qui concerne les pulsions. Ce qui rend le désir mortifère c'est qu'il impose, pour se réaliser, le dépassement des limites infranchissables. Dans le cadre du romantisme noir, la poétique du désir des deux romancières est effectivement dominée par la pulsion de mort. Ce n'est que dans la mort que les personnages envisagent l'impossible union. L'impossible à atteindre ne peut être nommé autrement que par le travail de l'écriture. C'est justement dans cet abîme que se déploie le pulsionnel :

---

[159] *Ibid.*, p. 92.

> **La pulsion de mort, c'est la question de cet impossible qui nous travaille à notre insu, et en outre [...] elle renvoie à un Autre mémorable parce que mémorisé. Un Autre inconnu ou inattendu, mais dont on sait qu'il est là, qu'il nous précède et qu'il est la condition même de notre existence[160].**

Cela dit, il est à noter que le chemin que chaque auteure a emprunté est différent. Brontë part d'un amour mystique qui a échoué sur terre, mais qui demeure réalisable dans l'au-delà vers un amour terrestre, une

> **possibilité d'un Eden à la fois terrestre et transcendant [...] Cathy et Hareton sont en effet comparés à des "enfants" dont l'existence future sera jalonnée de découvertes et de "projets", parmi lesquels un "mariage, qui aura lieu le jour de l'an" [...] Le sens de ce nouveau départ est donc bien d'effacer les tourments passés pour que l'œuvre s'achève sur le temps de l'espérance[161],**

témoignant ainsi de l'immortalité du désir. Peské part d'un amour terrestre catastrophique, d'un désir de possession absolue, irréalisable sur terre, vers un amour mystique réalisable dans l'au-delà, permettant la transcendance du

---

[160] Élisabeth Blanc, « Pulsion de mort. Désir de rien », *loc. cit.*, p. 13.

[161] Laetitia Hanry, « Les deux quêtes du paradis amoureux », *op. cit.*, p. 257.

désir et l'accès à l'absolu. Les deux visions se rapprochent, mais il est évident que Peské, pleine d'audace, va plus loin que Brontë et s'aventure sur des terrains inexplorés par cette dernière. Brontë a souligné cette quête de l'objet désiré, de l'amour absolu alors que Peské met l'emphase sur l'absence même de l'objet. Ainsi, le sujet de notre prochain chapitre sera à déterminer quel est cet objet manquant et ce qui pourrait en tenir lieu.

CHAPITRE II

PESKÉ ET L'INSAISISSABLE OBJET

De la Chose à l'objet a

Ce chapitre vise entre autres à clarifier un certain nombre de notions théoriques qui toutes font plus ou moins appel l'une à l'autre à propos du désir et l'objet du désir. L'objet du désir, nous enseigne la psychanalyse, s'inscrit sur un manque qui est un vide quasi mythique, le mythe de l'objet perdu. Ce manque, ou cette perte, nous dirons que c'est le prix que le sujet paie pour son entrée dans l'ordre symbolique via le langage. Selon Lacan, il n'y a pas d'objet sans la dimension du manque, lequel est produit par la structure même du langage[162]. Qu'en est-il de la perte ? Quelle est cette Chose perdue ? La psychanalyse soutient qu'il s'agit de la séparation avec la mère originaire qui est le lieu d'une première satisfaction que le sujet aspire inconsciemment à retrouver. Le désir naît de cette aspiration inconsciente du sujet à retrouver la satisfaction première impossible à récupérer, c'est pourquoi il n'y aura jamais pleine satisfaction :

---

[162] Juan Pablo Lucchelli, *Introduction à l'objet a de Lacan*, Paris, Éditions Michèle, 2020, p. 38.

> **L'objet premier, précisément celui de la mère, est remémoré d'une façon qui n'a pu changer, qui est, dit Freud, irréversible, de telle sorte que l'objet ne sera jamais qu'un objet retrouvé [...] Il y a donc toujours une division essentielle, fondamentalement conflictuelle, dans l'objet retrouvé, et dans le fait même de sa retrouvaille, il y a donc toujours discordance de l'objet retrouvé par rapport à l'objet recherché[163].**

Ce que Lacan appelle « la Chose » renvoie au souvenir d'une plénitude anhistorique qui précède l'entrée du sujet dans le langage, mais, cette plénitude manque, elle est absente. Comme le résume Antonio Quinet : « La Chose dont il s'agit en psychanalyse est l'objet perdu, mais cet objet n'a jamais été perdu, car il n'a jamais été là. Le sujet doit néanmoins le retrouver : il n'y réussira pas. Il ne retrouvera que des substituts dans le monde sensible[164] ». Cependant, ces substituts ne procureront jamais la satisfaction première. Selon Quinet, « le postulat fondamental de la psychanalyse sur l'objet perdu du désir se conjugue ainsi avec

---

[163] Jacques Lacan, *Le séminaire, Livre IV: La relation d'objet*, Paris, Seuil, coll. « Champ freudien », 1994, p. 53.

[164] Antonio Quinet, *Le plus de regard : destins de la pulsion scopique*, Paris, Éditions du Champ lacanien, coll. « In Progress », 2019, p. 56.

l'impossibilité d'une satisfaction complète de la pulsion. La pulsion ne peut pas atteindre l'objet qui pourrait la satisfaire [165] ». Tel que nous l'avons vu, dans le chapitre précédent, la pulsion fait le tour de l'objet, mais ne l'atteint pas. Elle peut se satisfaire par déviations et détours, comme elle trouve son chemin à travers le symptôme, ou dans les plaisirs de l'art. Cependant, il y a une différence entre la satisfaction obtenue et celle qui est espérée. C'est dans la différence entre l'exigence pulsionnelle et le plaisir obtenu que se situe le désir[166].

De ce qui précède, nous pouvons déduire que c'est la Chose[167] qui fonde la loi du désir, elle se présentifie chaque

---

[165] *Ibid.*, p. 88.

[166] *Ibid.*, p. 89.

[167] Dans *Le Dictionnaire de la psychanalyse* de Roland Chemama et Bernard Vandermersch, nous lisons : « Dans les écrits de Freud, le mot Objekt s'entend toujours avec un déterminant explicite ou implicite : objet de la pulsion, objet d'amour, objet auquel on s'identifie. En opposition à Objekt, la Chose (Das Ding) apparait plutôt comme l'objet absolu, objet perdu d'une satisfaction mythique » et sur la Chose : « Ce qu'il y a de plus intime pour un sujet, quoique étranger à lui, structuralement inaccessible, signifié comme interdit (inceste) et imaginé par lui comme le souverain Bien : son être même » (Roland Chemama et Bernard Vandermersch, *Dictionnaire de la psychanalyse*, Paris, Larousse, coll. « In extenso », 2018, p. 395 et 98).

fois que l'intérêt du sujet est éveillé du côté de l'autre, tandis que le Réel vient masquer l'absence de la Chose [168]. Par ailleurs, la Chose elle-même est voilée, comme dit Lacan, dans son séminaire *L'Éthique de la psychanalyse*, sans quoi « nous ne serions pas avec elle dans ce mode de rapport qui nous oblige [...] à la cerner, voire à la contourner, pour la concevoir[169] ». Si la Chose est voilée et irreprésentable, qu'est-ce donc que le sujet recherche en elle, sinon l'objet ? Cependant, il faut préciser qu'il y a deux catégories d'objets : il y a l'objet qui est perdu et qui renvoie à la Chose, qui est un Réel[170] ; et il y a *les objets* qui le représentent, renvoient à l'objet perdu sous la forme d'éclats, d'allusions, etc. *Das Ding*, la Chose, désigne

---

[168] Antonio Quinet, *Le plus de regard*, *op. cit.*, p. 54.

[169] Jacques Lacan, *Le séminaire, Livre VII, L'éthique de la psychanalyse*, Paris, Seuil, coll. « Points », 2019, p. 197-198.

[170] Dans la terminologie lacanienne, nous distinguons trois registres : imaginaire, symbolique et réel qui forment un nœud. Si on défait l'un d'eux, les autres ne peuvent que se défaire. Dans l'imaginaire, il s'agit de l'image du corps, c'est « le registre du leurre, de l'identification », le registre du « moi avec ce qu'il comporte d'aliénation, d'amour et d'agressivité ». Le symbolique comporte « une part inconsciente qui est attachée à la fonction du langage, notamment à celle du signifiant ». L'homme est régi par le langage. Quant au réel, « le symbolique l'a expulsé de la réalité ». « Défini comme l'impossible, il est ce reste qui ne peut être symbolisé dans la parole ou l'écriture ». (Roland Chemama et Bernard Vandermersch, *Dictionnaire de la psychanalyse*, *op. cit.*, p. 262-263-561-487).

cette part de l'autre qui toujours déjà nous échappe (le Réel nous échappe du fait de notre entrée dans le symbolique). Tout se passe comme si le sujet était orienté par une tendance à « retrouver » quelque chose qui est fondamentalement perdue :

> **Il est clair que ce qu'il s'agit de trouver ne peut pas être retrouvé. C'est de sa nature que l'objet est perdu comme tel. Il ne sera jamais retrouvé. Quelque chose est là en attendant [...] Le monde freudien [...] comporte que c'est cet objet, das Ding, en tant qu'Autre absolu du sujet, qu'il s'agit de retrouver. On le retrouve tout au plus comme regret. Ce n'est pas lui que l'on retrouve, mais ses coordonnées de plaisir[171].**

Ainsi, comme l'affirme Laurent Cantonnet: « C'est autour de ce vide que la demande va se déployer, tout en s'éloignant toujours plus de la Chose. Le désir va donc se structurer, de demande en demande, comme désir d'un objet impossible[172] ». C'est ce vide qui donne naissance à tous les

---

[171]Jacques Lacan, *Le séminaire, Livre VII, L'éthique de la psychanalyse, op. cit.*, p. 90.

[172] Laurent Cantonnet, « L'amour : aspects cliniques et psychopathologiques », Thèse (P.H.D.) spécialité psychopathologie et psychanalyse, Aix-Marseilles, 2011, f. 236.

objets à venir. Ce sont des objets strictement imaginaires, et non pas des objets de ce monde, des semblants d'objets qui animent le fantasme et fonctionnent comme des leurres qui trompent le désir [173]. Ces objets viennent en somme se substituer métonymiquement à un objet manquant. Le sujet cherche sa satisfaction dans ces objets, « sans que jamais aucun d'eux n'offre de jouir de la Chose[174] ».

Dans son séminaire *Le Transfert*, Lacan, souligne la différence entre l'objet et ses semblants : « L'objet véritable, authentique, dont il s'agit quand nous parlons d'objet, n'est aucunement saisi, transmissible, échangeable. Il est à l'horizon de ce autour de quoi gravitent nos fantasmes. Et c'est pourtant avec cela que nous devons faire des objets qui, eux, soient échangeables [175] ». De là, l'invention lacanienne de l'*objet a*, objet au départ séparable du corps, et non pas manque originaire comme la Chose. La conception lacanienne

---

[173] Jean-Paul Ricœur, « Lacan, l'amour », *loc. cit.*, p. 22.

[174] Laurent Cantonnet, « L'amour : aspects cliniques et psychopathologiques », *op. cit.*, p. 102.

[175] Jacques Lacan, *Le Séminaire, Livre VIII, Le transfert*, *op. cit.*, p. 290.

de cet « objet » est cependant tributaire de l'élaboration théorique qui concerne la Chose. L'*objet a* est conçu comme étant la cause du désir de l'Autre, à jamais insaisissable, sinon sous la forme de l'éclat, de l'allusion, etc. ; éclat du mirage ou allusion sous la forme d'un objet tombé fantasmatiquement du corps, arraché à l'Autre. Ainsi, l'objet symbolise une plénitude absente, l'objet est d'une certaine façon « le rien » que nous aborderons plus loin.

Soulignons encore que l'*objet a* doit choir pour que le sujet advienne comme désirant : « L'objet corporel imaginaire doit choir tout autant qu'a chu depuis toujours l'objet réel qu'il reproduit, tel le sein ou les selles […] Lorsque l'objet corporel imaginaire choit, son absence devient la source ou la cause du désir du sujet[176] ». N'importe quel objet peut remplir cette fonction de cause du désir ; objet chéri et valorisé par le sujet, cependant insaisissable, évanescent, immatériel, fantasmatique et fugace. Quels sont ces *objets a* ? Ce que Lacan désigne par *objet a* correspond essentiellement à ce que Freud

---

[176] Jean-Marie Jadin, *La structure inconciente de l'angoisse*, Toulouse, Erès, coll. « Hypothèses », 2017, p. 137.

identifie parmi les objets de la demande, qui sont le sein (pulsion orale) et l'excrément (pulsion anale), auxquels Lacan ajoute les objets du désir, soit la voix (pulsion invocante) et le regard (pulsion scopique) :

> **Dans le désir de toute demande, il n'y a que la requête de l'objet a, de l'objet qui viendrait satisfaire la jouissance. J'ai insisté sur ceci, que le partenaire de *ce je* qui est le sujet, sujet de toute phrase de demande, est non invocante pas l'Autre, mais ce qui vient se substituer à lui sous la forme de la cause du désir – que j'ai diversifié en quatre, selon la découverte freudienne, de l'objet de la succion, de l'objet de l'excrétion, du regard et de la voix. C'est en tant que substitut de l'Autre, que ces objets sont réclamés, et sont faits cause du désir[177].**

L'*objet a* est un objet partiel, détaché du corps comme mentionné ci-dessus. Ainsi, l'objet (sein, excrément, regard, voix) « **se détachant de l'imaginaire corporel [...] est posé dans l'ordre symbolique où il était dès l'origine, pour y devenir alors cause du désir[178]** ».

---

[177] Jacques Lacan, *Le Séminaire, Livre XX, Encore*, Paris, Seuil, coll. « Points », [1975] 2016, p. 159.

[178] Philippe Julien, *Pour lire Jacques Lacan, op. cit.*, p. 127.

Qu'en est-il alors du phallus ? Il diffère des objets déjà mentionnés, il apparait comme un objet « commun dénominateur de tous les objets imaginaires [...] ce phallus imaginaire est promu au statut de symbole majeur, à ce que Lacan appelle un "signifiant"[179] ». Vu qu'aucun signifiant ne peut désigner le phallus — selon l'idée avancée par Lacan qu'un signifiant ne peut se signifier lui-même — il entre en tant que manque, sous l'effet de la castration, dans le registre symbolique. Dans son séminaire *Le Transfert*, Lacan souligne que :

> **Le caractère central de la relation du corps propre au phallus conditionne après coup, le rapport aux objets les plus primitifs. Leur accent d'objet séparable, possible à perdre, leur mise en fonction d'objet perdu, tous ces traits ne s'étaleraient pas de la même façon s'il n'y avait au centre l'émergence de l'objet phallique, comme un blanc sur l'image du corps[180].**

Ainsi, et contrairement à Freud, Lacan ne conçoit pas le manque du phallus comme cause d'angoisse, celle-ci survient

---

[179] Juan Pablo Lucchelli, *Le malentendu des sexes : Freud, Lacan et l'amour*, Rennes, Presses Universitaires de Rennes, 2011, p. 46.

[180] Jacques Lacan, *Le Séminaire, Livre VIII, Le transfert, op. cit.*, p. 449.

lorsque, à la place même du manque, surgit ou se révèle un objet cessible, détachable, du corps du sujet, mais qui cependant fait obstacle au manque, c'est-à-dire quand le manque vient à manquer [181] . Dans le fantasme, *l'objet a* apparait partiellement. De là, il devient source d'angoisse, c'est le « *a* » et non le manque du phallus qui est angoissant. Ceci est dû au fait que le sujet suppose que l'Autre possède *l'objet a*, qui pourrait combler le manque, et vice-versa, bien que rien ne puisse combler le manque dans l'Autre. La « croyance en la possibilité d'avoir et de pouvoir céder un objet inconnu qui pourrait combler l'Autre manquant, est ce qui constitue l'"objet a" en objet d'angoisse[182] ».

Il nous incombe aussi de souligner la distinction entre *l'objet a* et le i (a) qui est l'image spéculaire liée au narcissisme du stade du miroir de Lacan[183]. Lacan soutient que c'est dans

---

[181] Jean-Marie Jadin, *La structure inconsciente de l'angoisse, op. cit.*, p. 117.

[182] *Idem.*

[183] Dans le *Dictionnaire de la psychanalyse* de Roland Chemama et Bernard Vandermersch, nous lisons : « Il est une des phases de la constitution de l'être humain qui se situe entre 6 et 18 mois. L'enfant auparavant se vit comme morcelé. Porté par sa mère, il va reconnaître son image dans le miroir, anticipant imaginairement la forme totale de son corps. Mais c'est comme un autre, l'autre du miroir en sa structure inversée, que l'enfant se vit tout d'abord et se repère ;

l'Autre que le sujet cherche son image idéale. Cependant, le monde des images est fantomatique et illusoire. Dans son séminaire *Le Transfert*, Lacan avance que :

> **L'image ou le fantôme narcissique vient remplir dans le fantasme l'illusion de se coapter au désir, l'illusion de tenir son objet. Dès lors, si S est cette place qui peut de temps en temps se trouver vide, à savoir que rien ne vienne s'y produire de satisfaisant quant aux surgissements de l'image, nous pouvons concevoir que c'est peut-être bien à cela, à son appel, que répond la production du signal d'angoisse[184].**

Or, Lacan sépare l'*objet a* de son image, selon quoi l'*objet a* se tient, fantasmatiquement, au-delà de l'image. C'est dire que l'*objet a* (sa place et sa fonction dans l'économie du désir) ne peut être saisi d'après son image. À cet égard, c'est le regard qui serait « le terme le plus caractéristique à saisir la

---

ainsi s'instaure la méconnaissance de tout être humain quant à la vérité de son être et sa profonde aliénation de l'image qu'il va donner de lui-même. C'est l'avènement du narcissisme primaire » ; et plus loin : « Le stade du miroir est un carrefour structural qui commande :1 — [...] l'identification de l'enfant à une image qui le forme mais qui l'aliène [...] ; 2 — l'agressivité de l'être humain, qui doit gagner sa place sur l'autre et s'imposer à lui sous peine d'être lui-même anéanti ; 3 — la mise en place des objets du désir, dont le choix se réfère toujours à l'objet du désir de l'autre ». (Roland Chemama et Bernard Vandermersch, *Dictionnaire de la psychanalyse*, *op. cit.*, p. 263 et 349).

[184] Jacques Lacan, *Le Séminaire, Livre VIII, Le transfert*, *op. cit.*, p. 425.

fonction de l'objet a, en tant qu'il se présente, dans le champ du mirage de la fonction narcissique, comme l'objet [...] irréductiblement extérieur, au-delà de l'image de l'objet narcissique que je peux voir[185] ». Dans *Le plus de regard*, Antonio Quinet explique le passage illusoire qu'opère le regard de l'image narcissique à l'image de l'autre :

> **La valeur *agalmatique* de l'objet a est transférée à l'image de l'autre – voilà son leurre : la vision de l'autre est un leurre, car l'image est visible, elle se donne à voir, mais sa fonction essentielle est de cacher cet objet invisible, i (a), qui néanmoins donne à cette image tout son éclat [...] Le voile narcissique donne consistance imaginaire à l'objet inconsistant [...] Parmi les objets du monde sensible, l'autre, mon semblable, est un objet du désir car celui-là imaginarise (tout en le voilant) l'objet *a* cause du désir [...] Le choix de l'autre de la passion amoureuse, i (a), montre que le choix d'objet est toujours soumis à la grille narcissique[186].**

---

[185] Philippe Julien, *Pour lire Jacques Lacan*, op. cit., p. 187.
[186] Antonio Quinet, *Le plus de regard*, op. cit., p. 156-157.

L'objet a Regard

Le regard est un objet particulier, difficile à cerner. Avec le regard, nous sommes au niveau du désir de l'Autre tel qu'il se laisse voir, apparaît sous la forme d'un regard adressé ou renvoyé : « Dans la situation à partir de laquelle se constitue la pulsion scopique, c'est le sujet qui adresse son désir à l'Autre, pour être de lui reconnu[187] ». Le regard est aussi un objet perdu, regard de la mère, perdu depuis toujours où le sujet enfant était reconnu par l'Autre maternel et se considérait l'objet de son désir. Objet perdu et qui ne peut être retrouvé en raison de la loi qui interdit l'inceste. Nous lisons, chez Antonio Quinet :

> **La pulsion trouvera des objets substitutifs, sans jamais retrouver ce premier objet [...] À chaque fois que la pulsion scopique boucle sa boucle, le regard se fait présent et le sujet se fait regarder : il présentifie le regard comme objet *a*, dans la mesure où lui-même, situé à la boucle de la pulsion, est identifié à cet objet regard pour l'Autre, perdu, échappé dérobé à l'Autre[188].**

---

[187] Alain Juranville, *Lacan et la philosophie*, op. cit., p. 183.

[188] Antonio Quinet, *Le plus de regard*, op. cit., p. 91-92.

Comme nous l'avons déjà mentionné, selon Lacan, l'*objet a* doit être un objet séparable du corps et ayant rapport avec le manque[189]. Effectivement, il est séparable car le regard n'est pas l'œil. L'œil en tant qu'organe est du côté de l'image, du corps, tandis que le regard est du côté de l'*objet a*, du désir de voir, ou plutôt d'un voir désirant : « L'œil et le regard, telle est pour nous la schize dans laquelle se manifeste la pulsion scopique au niveau du champ scopique[190] ». Il est manquant, car quelque chose manque derrière l'image de l'œil. Ainsi, la schize entre l'œil et le regard renvoie « à un trou dans l'imaginaire, à un trou en l'image de l'Autre -ω : où se place l'objet petit *a*[191] ». Il nous incombe de mentionner qu'avec la dialectique de l'œil et du regard, nous sommes toujours néanmoins sur le registre du leurre : « Le sujet se présente comme autre qu'il n'est, et ce qu'on lui donne à voir n'est pas

---

[189] Jacques Lacan, *Le Séminaire, Livre XI, les quatre concepts fondamentaux de la psychanalyse, op. cit.*, p. 95.

[190] *Ibid.*, p. 69-70.

[191] Philippe Julien, *Pour lire Jacques Lacan, op. cit.*, p. 191.

ce qu'il veut voir. C'est par là que l'œil peut fonctionner comme objet a, c'est-à-dire au niveau du manque[192] ».

Les concepts construits par la psychanalyse permettent de décrire les mécanismes de l'œuvre littéraire ; notamment sur le plan de la logique fantasmatique qui s'y joue. Dans le cadre de ce mémoire, nous pensons que les deux romans de Peské jouent sur la dialectique de l'apparition et de la disparition de l'objet. Notre intérêt portera à nouveau sur l'*objet a* (regard), que l'auteure fait miroiter dans son œuvre. En particulier dans *La Boîte en os* où le regard, en tant qu'objet, acquière une dimension à la fois complexe et vertigineuse.

Le regard cause de désir et d'angoisse

Dans *La Boîte en os,* dans un premier temps, le regard se présente en tant qu'*objet a* cause du désir, au demeurant invisible, mais traqué. Il est l'objet le plus fuyant et le plus impalpable ; telle une négativité insaisissable. Cette négativité se manifeste à travers l'opposition entre « montrer » et

---

[192] Jacques Lacan, *Le Séminaire, Livre XI, les quatre concepts fondamentaux de la psychanalyse, op. cit.,* p. 96.

« s'ouvrir sur le néant » : « Les yeux [...] qui font croire, qu'à travers leurs vitres coloriées, elles montrent quelque chose et qui, lorsqu'on les force, s'ouvrent sur le néant ![193] » Il n'y a que le vide, pur *nihil*. Ensuite, nous lisons : « Ah ! savoir un jour ce que l'on voit dans les yeux et pouvoir définir un regard ! Mais ces puits [...] révèleront-ils jamais le secret [...] de leurs noirceurs et de leurs clartés ?[194] » Nous constatons déjà que le texte entretient une confusion entre les « yeux » et le « regard », confusion que nous traiterons plus loin. En même temps, nous repérons un trait d'angoisse dans l'usage du mot « néant » et l'opposition entre « noirceur » et « clarté ». En fait, il apparaît que l'*objet regard* peut être tout autant cause du désir que cause d'angoisse. Le regard pourrait être agréable ou désagréable, comme le dit Antonio Quinet :

> **Le regard apporte le plaisir de la satisfaction scopique lorsqu'il escamote la castration [...] Mais le regard est porteur de déplaisir, voire d'angoisse, lorsqu'il n'accomplit pas cette fonction [...] et vise le sujet comme un objet soumis au caprice de**

---

[193] Antoinette Peské, *La Boîte en os*, *op. cit.*, p. 30-31.
[194] *Idem.*

l'Autre [...] Ce qui revient sur le sujet c'est sa propre castration, et l'angoisse qui en découle[195].

Aussi, sur le caractère insaisissable de l'objet ou plutôt du rival, nous lisons dans *Que cherches-tu ?* : « Il marchait, s'arrêtant souvent pour scruter l'ombre. Sa tête se tournait alors à gauche, à droite, il sortait ses mains de ses poches comme s'il s'apprêtait à se défendre de quelqu'un[196] ». Quel est ce rival insaisissable que Sir O'Perk essaie de cerner au loin et dont il a besoin de se défendre ? L'écriture nous fait croire à la présence d'un double, peut-être, à travers la répétition de « lui » dans : « Je le vois partout, mais je n'arrive pas à le saisir. C'est lui, lui qui doit être la cause de mon malheur ! lui[197]… » L'auteure termine par des points de suspension, un blanc nous invitant à réfléchir sur l'identité de cet objet ou de ce rival insaisissable, et menaçant, qui reviendra plus loin au

---

[195] Antonio Quinet, *Le plus de regard*, *op. cit.*, p. 97.
[196] Antoinette Peské, *Que cherches-tu ? op. cit.*, p. 42.
[197] *Ibid.*, p. 84.

cours de ce chapitre. En effet, comme le souligne Lacan, ce qu'on regarde, c'est ce qui ne peut pas se voir[198].

À vrai dire, l'objet regard est porteur d'angoisse dans les deux romans de Peské ; à tout le moins est-il souvent voilé, mystérieux, aveugle. Rares sont les moments qui illustrent le contraire. Dans *Que cherches-tu ?* le regard est le plus souvent « perdu dans les lointains brumeux[199] », « dans le vague[200] » ; le texte indique en somme la présence du regard en même temps que son absence. Dans ce roman, le terme « brouillard » parcourt le texte comme un leitmotiv : « Refoulant mes larmes dans le brouillard, je ne vis plus rien[201] » ; on dirait alors que le brouillard agit comme un écran qui masque une *présence absente*, ou plutôt une absence étrangement présente. Nous pouvons repérer le regard à travers des allusions, comme le bruit des pas sur le gravier qui illustre la présence d'un regard : « Un bruit de graviers qui sautillent me fit frissonner.

---

[198] Jacques Lacan, *Le séminaire, Livre XI, Les quatre concepts fondamentaux de la psychanalyse, op. cit.*, p. 166.

[199] Antoinette Peské, *Que cherches-tu ? op. cit.*, p. 17.

[200] *Ibid.*, p. 34.

[201] *Ibid.*, p. 46.

Sir O'Perk était derrière nous[202] » ; signe aussi du regard de l'autre qui déstabilise le sujet et le prive de ses moyens de défense. Une autre allusion au regard est faite à travers l'image de la fenêtre qui représente deux mouvements de la pulsion scopique : *voir* et *donner à voir*. À un moment, Jeanne est dans sa chambre et c'est elle l'observatrice : « De ma chambre, je pouvais le voir errer encore dans le parc. Je l'observais en me dissimulant dans un coin quand il rentra à son tour[203] ». Ensuite, c'est lui qui est à l'intérieur, et elle à l'extérieur : « Je ressortis par une autre porte [...] La fenêtre de Sir O'Perk était ouverte. Il faisait les cent pas dans sa chambre, buvant de temps en temps, s'asseyant et se relevant, prenant un livre et le déposant, ne sachant, sans doute comme moi, où fixer sa pensée fébrile[204] ». Dans ce passage, il s'agit probablement d'un autre regard, celui de Jeanne la narratrice et non pas celui de Jeanne le personnage. Les deux ne se trouvent pas au même endroit et n'ont pas le même angle de

---

202 *Ibid.*, p. 32.
203 *Ibid.*, p. 69-70.
204 *Ibid.*, p. 70.

vision. Jeanne le personnage ne pouvait pas voir tous ces détails, puisqu'elle se trouvait dans le parc, ce qui révèle un changement de focalisation. Ensuite, c'est Jeanne la narratrice qui reprend la parole, et c'est elle qui *regarde* ou *entend* plutôt : « Il s'approcha de la fenêtre et levant les bras au ciel poussa un soupir[205] ». Ce jeu de regard que permet la fenêtre est un chassé-croisé de regards manqués.

Mais c'est vraiment dans *La Boîte en os* que la hantise du regard atteint des proportions considérables. Examinons comment le texte nous présente les yeux de Margaret : « Ces yeux, quand Margaret se taisait, pouvaient être supportables. J'avais alors l'impression de regarder de l'eau dans des cuvettes de marbre[206] ». Il y a opposition entre liquide et solide dans cette description. L'eau est transparente, elle peut laisser voir quelque chose de l'objet qui semble tout au fond, alors que le marbre constitue un obstacle qui empêche de voir au-delà ; mais surtout l'image nous fait glisser vers une vision plus lugubre, fétide, quasi excrémentielle (des yeux comme

---

[205] *Ibid.*, p. 70.
[206] Antoinette Peské, *La Boîte en os, op. cit.*, p. 37.

des « cuvettes »). Plus loin, la description continue de susciter le dégoût : « Quand mon amie faisait entendre sa voix si douce [...] et que son haleine *sentant le chien nouveau-né* et l'aubépine me dilataient les narines, voir immobiles devant moi ces *flaques* vertes [...] constituait pour moi une épreuve[207] ». L'écriture se place sous le signe de l'excès : cette proximité de l'abjection (cuvettes) et de l'idéalisation froide (marbre) est bouleversante. L'abjection prend le dessus sur l'image idéalisée lorsque le regard de Margaret est comparé à des flaques vertes, quelque chose d'informe, de visqueux et qui chute de la vision idéalisée. L'anal et le scopique se rejoignent : l'obsession consiste à ne plus voir que la chose abjecte. Dans le schéma de constitution de l'*objet a* à partir du rapport du sujet et de l'Autre, proposé par Lacan, les modalités anal et scopique se rencontrent[208]. Cette rencontre entre l'analité et le scopique est aussi présente dans *Que cherches-tu ?* : « Ses immenses yeux troubles ressemblent à ces mares sinistres où l'eau est toujours mêlée à un peu de

---

[207] *Ibid.*, p. 37-38. Nous soulignons.
[208] Antonio Quinet, *Le plus de regard, op. cit.*, p. 239-240.

sang[209] ». À la fin du récit, il s'agit du regard de la mort. Contrairement à *Que cherches-tu ?* ce regard mortel figure dans la *Boîte en os* dès le début. John prend la tête de Margaret dans ses mains, comme s'il s'agissait véritablement d'une *boîte*, d'un coffre qu'il faudrait défoncer pour atteindre l'objet que l'on cache à l'intérieur, et lui demande de le regarder. C'est là que la situation devient insupportable puisqu'il voit quelque chose qu'il ne fallait pas voir, comme si une partie de l'objet s'était dévoilée, son éclat, pour aussitôt disparaître : « Une lueur très brillante [...] passa en biais d'un coin de l'œil à l'autre, repassa et disparut. J'étais maintenant au-dessus d'un gouffre d'eau glauque, je sentais que j'allais tomber dedans infailliblement[210] ». L'objet disparait soudainement laissant derrière lui un vide, on ne voit plus qu'un « gouffre d'eau glauque ». L'écriture nous montre l'affolement devant la disparition soudaine de l'objet, John est confronté au vide, à la perte de l'objet sans lequel le beau visage n'est plus qu'une face que l'on peut profaner : « poussant un cri, je

---

[209] Antoinette Peské, *Que cherches-tu ? op. cit.*, p. 136.
[210] Antoinette Peské, *La Boîte en os, op. cit.*, p. 39.

reculai, saisis un encrier […] et en vidai le contenu sur le beau visage de mon amie [211] ». Face à l'éclat de l'objet « lueur brillante », l'écriture oppose la souillure noire de l'encre. Nous sommes toujours dans le registre de l'abject (« un gouffre d'eau glauque ») qu'il s'agit de cacher, d'inonder de « noir » (l'encre), en même temps que l'on profane et fait violence au visage de l'aimée.

Cependant, et ceci est le seul moment dans *La Boîte en os* où l'*objet a* a conservé son caractère *agalmatique* en tant qu'objet cause du désir, le texte nous expose une scène entre John et Margaret adultes, au cours de laquelle il lui demande de se donner à lui en montrant (en *donnant à voir*) ce qu'il y a en elle de plus loin et de plus inaccessible. C'est un appel à lui révéler l'objet qu'il perçoit ou qu'il anticipe en elle : « Montrez-moi votre tréfonds, comprenez-moi, la racine même de votre être pensant [212] ». Ici, le fantasme va jouer un rôle de trompe-l'œil, ce que l'écriture révèle à travers le mot « miracle » : « C'est alors que le miracle se produisit […] ses

---

[211] *Idem.*

[212] *Ibid.*, p. 85.

yeux étaient devenus clairs et transparents [...] et je me penchais maintenant sur leurs eaux avec la certitude d'y voir ce que j'y avais toujours cherché : la sincérité [...] J'entrais comme dans une extase[213] ». Aux flaques et aux gouffres, s'opposent les eaux claires et transparentes qui laissent croire à une possibilité d'accéder à un au-delà du visible, d'où le recours au terme « extase » ; comme si une parcelle de jouissance était atteinte. L'écriture nous confirme une fois de plus cet effet de leurre dans cette citation : « Nous nous arrêtions pour nous regarder... Je ne voyais d'ailleurs pas les yeux de ma bien-aimée : je voyais deux soleils[214] ». Le soleil ne peut pas être regardé en face, dit-on, il est muni d'un pouvoir destructeur, il en est de même du regard. Antonio Quinet le confirme : « le regard, comme le soleil et la mort, ne peut pas se regarder en face[215] ». Tel qu'on l'a mentionné, dans le stade du miroir, le moi se constitue à travers l'image de l'autre et se situe dans le monde de la visibilité, c'est-à-dire spéculaire.

---

[213] *Ibid.*, p. 85-86.

[214] *Ibid.*, p. 86-87.

[215] Antonio Quinet, *Le plus de regard*, *op. cit.*, p. 49.

Quant au regard qui se distingue de la vision, il se trouve masqué par l'image spéculaire où chacun voudrait se voir être vu, mais où il n'y a personne pour voir[216]. Ainsi, au cas « où le miroir ne pourrait jouer son rôle d'écran réflecteur, le processus d'identification par lequel le sujet peut se reconnaître dans l'ordre des choses [...] se bouleverse. Se produit alors un processus de désidentification, une descente aux enfers qui anéantit le sujet[217] ». En effet, le texte de Peské prévoit ce malheur : « Tant de flamboiement autour de la naissance d'un amour est souvent d'un mauvais présage[218] ».

Le Regard et le registre imaginaire

Dorénavant, le regard va s'inscrire sur le registre du mirage, de l'imaginaire où le récit nous fait assister à une confusion mortifère entre œil et regard. De là, l'écriture ne tardera pas à opérer une régression vers les images d'angoisse où les images abjectes se répètent. Dans le texte de Peské, on

---

[216] Éléonore Pardo, « Le regard médusé », *Recherches en psychanalyse*, vol. 9, n° 1, 2010, p. 86.

[217] *Idem.*

[218] Antoinette Peské, *La Boîte en os, op. cit.*, p. 87.

retrouve la même opposition thématique entre le liquide et le solide, entre « deux mares vertes » et les « yeux de porcelaine ». Les deux images, celle de l'eau dormante et celle de la pétrification rappellent la mort. Cette idée se trouve renforcée dans la scène où John fait le portrait de Margaret tout en la fixant du regard, à travers les figures de la noyée et de la sirène ; toutes deux sont des messagères de la mort : « Soudain le rideau de brume [...] s'écarta, et ô terreur, je m'aperçus que Margaret était redevenue enfant [...] Elle était assise sur le bord de l'étang [...] elle me tendit ses bras blancs de noyée ou de sirène[219] ». Le voile est levé, mais l'image de Margaret est cependant *re-voilée*, puisqu'elle apparaît maintenant sous l'image terrifiante et dangereuse de la noyée et de la sirène, d'un cadavre et d'un monstre, rendant Margaret à nouveau abjecte et inaccessible. Cette image l'aspire vers la mort, veut l'étreindre pour l'emporter. Chargée d'angoisse, elle provoque aussitôt une réaction de défense, alors que John essaie de fuir : « Abandonnant ma

---

[219] *Ibid.*, p. 93-94.

toile et mes pinceaux, je me mis à courir en gesticulant[220] ». Cet épisode est rapporté plus loin par Margaret, selon sa perception : « Il rompit le silence pour me crier d'une voix rauque : " Vous faites exprès de vous cacher à moi, c'est de votre faute si je ne réussis pas ce portrait "[221] ». Quelque chose se refuse et provoque cette angoisse insupportable dévoilée à travers l'opposition entre le « silence » rompu et le cri « d'une voix rauque ». L'on dirait que le récit bascule entre un regard qui attire mais répulse et menace en même temps. Dans le va-et-vient entre regarder et être regardé, c'est Margaret qui regarde John et ce dernier se sent menacé : « Et comme je le regardais, interdite : "Ne me regardez pas de la sorte ou je vous crève les yeux, immonde créature ! "[222] » Ainsi, ce regard nous fait penser au mythe du regard de la Méduse qui horrifie celui qui la regarde et le pétrifie, rappelant la castration maternelle[223]. Face à ce regard « interdit », il faudrait agir pour

---

[220] Antoinette Peské, *La Boîte en os: roman*, *op. cit.*, p. 94.

[221] *Ibid.*, p. 127.

[222] *Idem.*

[223] Dans son texte « La tête de Méduse », Freud avance que l'effroi ressenti devant la Méduse est un effroi de la castration. La tête de Méduse représente l'organe féminin castré et évoque ainsi la castration maternelle. Il ajoute : « Ce symbole de

abolir ce qui est menaçant, c'est ce que le texte nous propose à travers la phrase : « je vous crève les yeux », en même temps que l'on confirme la castration dans le même geste. Déjà, le récit, à son début, soulignait la volonté du personnage de s'attaquer au regard de l'autre : « Je ne sais comment j'ai pu résister à l'envie de crever les prunelles de ceux que j'aimais. Ces petits ronds contenant l'infini m'attiraient et me repoussaient à la fois[224] ». Nous sommes purement sur le registre de l'imaginaire, c'est l'image (de l'œil) qui est au premier plan, une image (« deux soleils » ou « petits ronds ») dans laquelle on cherche un regard, en même temps que ce regard attire et repousse à la fois, gros d'une menace en même temps que fort d'un objet qui attise le désir ; et tout cela, alors même que crever les yeux ne mettra pas fin au regard. Pire,

---

l'horreur est porté par la déesse vierge Athena sur son costume. Avec raison, car elle devient par là une femme inapprochable qui repousse toute concupiscence sexuelle. N'exhibe-t-elle pas l'organe génital de la mère, qui provoque l'effroi ? » (Sigmund Freud, « La tête de Méduse », trad. Laplanche, dans *Résultats, idées, problèmes II 1921-1938*, Paris, Presses Universitaires de France, [1985] 2020, p. 49-50).

[224] Antoinette Peské, *La Boîte en os, op. cit.*, p. 31.

on ne pourra que l'exacerber en l'infinitisant, en lui donnant l'image du regard le plus terrible et le plus menaçant.

L'angoisse ne cesse d'ailleurs de s'aggraver. John ne dort plus, il va dans la chambre de sa femme pour l'observer durant son sommeil. Nous avons l'impression que la mort est là qui guette. Nous la percevons dans les mots de Peské : « Deux yeux *sans regard* et qui regardaient encore, deux yeux de *morte* apparurent. Horrifié, je les recouvris de leur mince rideau de chair[225] ». Nous constatons que Margaret est liée, dès le début, à la mort. On dirait qu'elle n'a jamais existé autrement pour lui, comme s'il visait quelque chose d'autre qui est en elle, plus loin qu'elle, et inaccessible. La figure du rideau réapparait ici, mais cette fois le rideau n'est pas levé, il sert à cacher l'horreur de ce regard *sans regard*, qui infinitise le regard lui-même, et fait de l'objet une chose interdite à jamais. Le texte enchaine : « Cette chose minuscule que je pouvais tenir dans la main [*le crâne*], osait s'opposer à moi, me narguer... C'en était trop ![226] » La tension entre le moi et

---

[225] *Ibid.*, p. 103. Nous soulignons.
[226] *Ibid.*, p. 104. Nous soulignons.

l'autre ne cesse d'augmenter, d'où l'usage des verbes : s'opposer et narguer. Il en résulte que « j'agis en attaquant le mauvais objet sur cette image de moi-même qu'est l'autre[227] ». En fait, lorsque le regard brise la glace de l'image qui fait de l'autre un masque, il détruit. John voulait accéder à ce qui se cache derrière les yeux de Margaret, la boîte en os, le crâne, qui renferme le mystère de l'autre. Dupé par l'imaginaire, voulant accéder à ce qui est derrière l'image du corps et qui passe par le regard, il lui fend le crâne croyant atteindre quelque chose de l'objet qui se refuse à lui indéfiniment. L'écriture illustre ainsi l'échec du regard à voir ce qu'il y a au-delà du corps, et le règne de l'imaginaire qui prend ici le dessus sur le symbolique, alors que « le maître [aurait dû être] le signifiant[228] ».

Ce coup de hache constitue une transgression du symbolique. Cette transgression est suivie par la cécité qui s'est emparée de John et que le narrateur avait mentionnée tout au début du récit, lors de sa visite à son ami dans la

---

[227] Philippe Julien, *Pour lire Jacques Lacan, op. cit.*, p. 55.
[228] Antonio Quinet, *Le plus de regard, op. cit.*, p. 146.

maison de santé : « Ses yeux ouverts qui ne regardaient pas, bien que des flammes les traversassent, semblables à des feux follets[229] ». La flamme et le feu connotent la présence de l'objet *a* (regard), son éclat, pourtant, la vision ne fonctionne pas : « il était devenu fou et aveugle ! Il ne voyait plus au-dedans de lui ni au dehors... Il était bien comme un cadavre [230] ». Quinet avance que dans la quête de la satisfaction à travers la transgression, « le sujet s'évanouit devant l'objet : il devient pur regard [...] Le prix à payer pour cette jouissance est la perte de la vue. Là où est le regard, point de vision[231] ». Plusieurs années plus tard, à sa sortie de la maison de santé, Margaret, à la vue de John, perd la vie. Durant la nécropsie du cerveau de Margaret, le réel impose une autre vision que celle de l'objet recherché : l'objet n'est pas là ; ou plutôt, ce n'est pas le bon objet. En effet, l'objet ne se trouve jamais là où on le cherche. Le « Il n'y avait que ça[232] », que le texte ne cesse de répéter, nous rappelle le *ce n'est*

---

[229] Antoinette Peské, *La Boîte en os*, *op. cit.*, p. 23.

[230] *Idem.*

[231] Antonio Quinet, *Le plus de regard*, *op. cit.*, p. 235.

[232] Antoinette Peské, *La Boîte en os*, *op. cit.*, p. 145.

pas ça lacanien : « Ce n'est pas ça – ça, vous savez ce que c'est, c'est l'objet a. L'objet a n'est aucun être. L'objet a, c'est ce que suppose de vide une demande[233] ». C'est toujours la quête de l'objet qui est en cause, mais il disparaît dans le *ce n'est pas ça*. Il n'est nulle part, et en cela, le texte nous confronte à l'absence de l'objet : « C'est ça que j'aurai aimé… jusqu'à la folie ! Oh ! désespérance des désespérances… Tu vois là Margaret morte, mais elle n'a jamais été autrement que morte[234]… » D'une part, l'écriture confirme que c'est l'objet qui est visé, aimé et non la personne et que la femme est réduite à « ça » ; au sens où elle n'est plus qu'une chose, un objet inerte. D'autre part, les interjections, les points d'exclamation et de suspension soulignent la déception devant l'absence de l'objet et renforcent l'idée que Margaret n'a jamais existé pour lui en tant que femme. On pourrait dire que les points de suspension suscitent ici un effet de choc, c'est l'impossible à concevoir.

---

[233] Jacques Lacan, *Le Séminaire, Livre XX, Encore, op. cit.*, p. 158.
[234] Antoinette Peské, *La Boîte en os, op. cit.*, p. 145.

Selon Quinet, « une des formes de retour de la jouissance, avec son impératif scopique, est de faire tomber le voile du " vermillon de la honte " pour exhiber [...] le sexe dans sa splendeur [...] Il s'agit d'un pousse-à-se-faire-voir, un pousse au " donner-à-voir "[235] ». Examinons cette scène de *La Boîte en os* dans laquelle le narrateur fait état de l'exhibitionnisme de son ami, après la mort de sa femme : « Je m'aperçus alors que mon pauvre ami était nu, gonflé de passion [...] Ah ! ses yeux...Une lueur fixe, la nuit, sur une mer soulevée, évoque faiblement la vision que j'eus de son regard[236] ». Le texte suggère un changement de rôle, la lueur, qui auparavant était dans les yeux de Margaret, est transmise dans les yeux de John, et le narrateur est maintenant à la place qu'occupait John auparavant, troublé par la vision d'un regard paradoxal. Apparemment, la hantise du regard est transmissible. L'objet regard se trouve lié ici au phallus en tant qu'« objet perdu, et soudain retrouvé, dans la conflagration de la honte, par

---

[235] Antonio Quinet, *Le plus de regard, op. cit.*, p. 133.
[236] Antoinette Peské, *La Boîte en os, op. cit.*, p. 150.

l'introduction de l'autre[237] », nous dit Lacan. Et il ajoute : « Dans l'exhibitionnisme, ce qui est visé par le sujet, c'est ce qui se réalise dans l'autre [...] Ce n'est pas seulement la victime qui est intéressée dans l'exhibitionnisme, c'est la victime en tant que référée à quelque autre qui la regarde[238] ». Ainsi, l'exhibitionniste vise à « faire apparaitre au champ de l'Autre le regard[239] » en montrant ce qui ne peut se voir, le phallus symbolique, élidant ainsi la castration. Dans *La Boîte en os*, nous lisons : « Regarde comme mon sexe est beau et grand et puissant[240] ». Selon Ricoeur, le sujet « à son insu, aura à faire un choix entre deux conclusions antinomiques : il peut rester dans la croyance imaginaire en cet objet glorieux [...] indice de la toute-puissance ; mais il peut aussi y entrevoir le paradigme de la dimension de la perte et du manque[241] ». Le

---

[237] Jacques Lacan, *Le Séminaire, Livre XI, les quatre concepts fondamentaux de la psychanalyse*, *op. cit.*, p. 166.

[238] *Idem.*

[239] Jacques Lacan, *Le Séminaire, Livre XVI : D'un autre à l'autre*, Paris, Seuil, coll. « Champ freudien », 2006, p. 254.

[240] Antoinette Peské, *La Boîte en os*, *op. cit.*, p. 154.

[241] Jean-Paul Ricœur, « Lacan, l'amour », *loc. cit.*, p. 11.

choix favorisé par le texte est évident ici : il s'agit d'un refus radical de la perte.

Le Regard et le double

Tel que nous venons de le mentionner, l'écriture, en opérant un changement de rôle, révèle une transmission de la folie de John au narrateur, son ami Norbert. Les prémices se manifestent quand Norbert nous décrit son ami mort : « Dans le fond de son orbite violacée, son œil noir brillait encore[242] ». Ce regard va hanter le narrateur, à son tour, jusqu'à la fin du roman. Ainsi, après trente-huit ans, le narrateur retourne en Écosse avec sa petite fille Lucie, et a l'illusion de retrouver John vivant ou sinon de se rapprocher de son double à partir de l'image du petit fils, de l'ami. On se rapproche des reflets de John en même temps que l'auteure introduit l'image du double : « J'avais l'illusion de me rapprocher d'un John de dix-huit ans [...] avec son regard tantôt baignant dans le feu d'une extase secrète, tantôt flamboyant dans l'eau *noire* d'un

---

[242] Antoinette Peské, *La Boîte en os*, *op. cit.*, p. 158.

abîme[243] ». Il est intéressant de relever le jeu de mots qu'utilise Peské en inversant le vocabulaire relatif aux éléments : l'eau et le feu sont interreliés dans « baigner dans le feu » et « flamboyer dans l'eau noire ». Grâce à cette inversion, c'est le feu qui domine et fait miroiter la folie, l'idée fixe et l'objet incessamment traqué, cependant qu'il est lié, une fois de plus, à la couleur noire et l'abîme de la mort. Ensuite, Norbert est pris au piège du double, tel que mentionné dans le chapitre précédent. Il rencontre quelqu'un au cimetière à qui il attribue les yeux de son ami mort alors qu'il s'agit du petit-fils du défunt : « je vis [...] les yeux de John Mac Corjeag !... Ils brillaient de leur lumière infernale. Je les revois encore au crépuscule, entre deux croix, pareils à deux boules de charbon enflammées[244] ». L'écriture fait miroiter le paradigme de la folie, de l'esprit enflammé, de la raison qui se consume à travers ces termes : « brillaient », « lumière » et « enflammées », ainsi que la proximité de la mort dans : « infernale », « crépuscule », « croix » et la couleur noire du

---

[243] *Ibid.*, p. 185. Nous soulignons.
[244] *Ibid.*, p. 187-188.

charbon. En plus, le verbe voir est tantôt au passé simple, tantôt au présent. Son usage au présent est lié aux images de la mort, ce qui présentifie *l'objet a* en tant qu'il est porteur de mort.

Nous avons déjà étudié le phénomène du double dans le premier chapitre en tant que manifestation de la compulsion de répétition liée à la pulsion de mort. Dans ce chapitre, l'apparition du double pourrait être liée à l'objet regard en tant que cause d'angoisse. Dans *L'inquiétant familier*, Freud affirme que l'inquiétant est une chose déjà connue et qui a été refoulée, ce qui rejoint la définition de Schelling qui considère l'inquiétant comme quelque chose qui aurait dû rester cachée dans l'ombre et qui en est sortie[245]. Il s'agit, nous dit Quinet, de *l'objet a*, censé « rester derrière le rideau et qui, tout d'un coup, manifeste sa présence comme regard mortifiant[246] ». Ainsi, le récit fantasmatique, placé à la fin du roman, nous montre un Norbert victime d'un double menaçant : « aveuglé par la *flamme* de son regard [...] Ses prunelles *brillaient* d'un

---

[245] Sigmund Freud, *L'inquiétant familier*, *op. cit.*, p. 68.
[246] Antonio Quinet, *Le plus de regard*, *op. cit.*, p. 123.

point minuscule, et autour de ce point se mouvaient des vagues *glauques*. Si je n'avais jusqu'alors jamais éprouvé la sensation de me *noyer* dans les yeux, je l'éprouvai ce jour-là[247] ». Si nous regardons de plus près, nous pourrons déduire aussi que Norbert est devenu un double de son ami John. La narration le suggère à travers la répétition du même vocabulaire et surtout à travers la peur de se noyer dans les *yeux* dont Norbert est devenu, à présent, la victime. Tel que mentionné ci-dessus, l'issue de l'angoisse est le passage à l'acte pour se défendre de ce regard mortifère. Le texte le confirme, le narrateur a besoin d'agir pour protéger sa petite fille, il agit comme le premier John : « Je m'élançais, rugissant et prêt à serrer à la gorge celui qui venait de parler[248] ». Ensuite, le narrateur voit la mort de John (le petit fils) : « celui-ci se mit à fondre, ses yeux s'enfoncer loin, très loin…[249] » ainsi que de sa petite fille : « Elle avait le regard absent[250]… »

---

[247] Antoinette Peské, *La Boîte en os*, *op. cit.*, p. 193-194. Nous soulignons.

[248] *Ibid.*, p. 204.

[249] *Idem.*

[250] *Ibid.*, p. 205.

Ainsi, le double angoissant est moins le double que la « doublure du sujet », l'*objet a*, dans sa modalité scopique, sans altérité [251]. Le récit fantasmatique qui clôt le roman semble aller dans ce sens. En effet, il y a plusieurs dédoublements dans la *Boîte en os*. La doublure du sujet est aussi présente dans *Que cherches-tu ?* En effet, nous avons déjà mentionné qu'il s'agissait d'un rival ou d'un double que Sir O'Perk cherchait partout et n'arrivait pas à saisir. Ce « lui » énigmatique, réapparait à la fin du roman, lorsque Sir O'Perk agonisant semble saisir quelque chose : « Là... c'est lui... lui, dit-il d'une voix rauque[252] ». Bien que l'écriture laisse croire qu'il s'agit probablement de Jack, l'amant mort de sa femme, qu'il a dû rencontrer dans l'autre monde — « Vous, Edward, qui avez tant cherché le vôtre [...] vous l'avez sans doute rejoint[253] » — on peut penser que le double est Edward lui-même ou plutôt son image dans le miroir. Le texte nomme Edward *le rival*, quand c'est au tour de Montagu, le mari de

---

[251] Antonio Quinet, *Le plus de regard, op. cit.*, p. 125.

[252] Antoinette Peské, *Que cherches-tu ? op. cit.*, p. 138.

[253] *Ibid.*, p. 141.

Jeanne, de partir en quête : « Mon mari fait le tour de notre maisonnette [...] Il va... Il cherche ; il cherche son rival insaisissable [254] ». Évidemment, ce n'est pas seulement la figure du double qui s'impose, mais le récit lui-même qui se dédouble.

Tel que nous l'avons vu, l'objet regard dans les deux romans de Peské est placé sous le signe de l'angoisse et de la mort où la visée du désir est la jouissance scopique mortifère. Ainsi, selon Quinet, une éthique du regard est « celle qui correspond à un désir de savoir, qui n'a pas pour visée la jouissance scopique, la complétude, mais qui affirme que le manque de savoir est constitutif du désir qui l'anime[255] ». En fait, le regard est le support « d'une médiation de l'autre ». C'est le regard de l'autre qui nous procure une certaine reconnaissance et contribue à forger notre propre image, ce qui nous ramène au stade du miroir d'après Lacan : « Le propre moi, en tant qu'image, n'a de sens que parce qu'il est

---

[254] *Idem.*

[255] Antonio Quinet, *Le plus de regard*, *op. cit.*, p. 321.

vide de son sens sans le regard de cet autre qui continue à jouer en nous[256] ».

L'objet rien

À la série des *objets a* (oral, anal, scopique, vocal), Lacan ajoute à un moment l'*objet rien* qui a paru plus tard et brièvement, dans la théorie. Comme le rappelle Jean-Marie Jadin, « on peut se le représenter comme issu de la chute du sujet hors de l'ensemble vécu comme une unité et constitué par la mère et lui-même[257] ». D'où vient le mot « rien » ? Il s'agit d'un terme « dont l'étymologie latine éclaire l'équivoque en français : rien est rem, issu du res, rei latin, la chose. Le rien est alors à disjoindre de la négation qui l'accompagne le plus souvent en français[258] », « ne… rien ». L'objet « rien » est en quelque sorte en lien avec l'absence de l'objet premier. Ce rien « renvoie à une positivité irréductible et minimale du manque […] Ce rien pourrait supporter la

---

[256] Juan Pablo Lucchelli, *Introduction à l'objet a de Lacan*, op. cit., p. 265.

[257] Jean-Marie Jadin, *La structure inconsciente de l'angoisse*, op. cit., p. 122.

[258] Carole Dewambrechies-La Sagna, « Lacan, le rien », *La Cause freudienne*, vol. 79, n° 3, 2011, p. 147.

cause d'un désir, " spécifiquement " féminin [259] ». Vu que *l'objet a* est cette petite chose détachée et séparée fantasmatiquement du corps à partir du désir de l'Autre, un semblant d'objet, le rien « réapparait comme en filigrane avec chaque « objet *a* », lorsque sa forme concrète disparait. L'objet « rien » est sans doute l'objet symbolisant pour chaque « objet *a* » sa chute et sa disparition[260] ».

Le ce n'est pas ça

L'objet « rien » a les caractéristiques de *l'objet a*, Lacan le sous-entend dans son séminaire XIII, à travers une interrogation à la forme négative. Ce rien, est-ce que – j'introduis ici la question – nous ne pouvons pas l'identifier :

- à cet objet toujours fuyant, toujours dérobé,
- à ce qui est après tout – espoir ou désespoir – l'essence de notre désir,

---

[259] Roland Chemama et Bernard Vandermersch, *Dictionnaire de la psychanalyse*, *op. cit.*. p. 402.

[260] Jean-Marie Jadin, *La structure inconsciente de l'angoisse*, *op. cit.*, p. 123.

- à cet objet innommable, insaisissable, inarticulable[261].

En fait, le rien est insaisissable, et c'est l'essence de notre désir. Dans son enseignement *La vie de Lacan*, Miller explique le rapport entre désir et rien en ces termes :

> **Le désir réitère, se soutient de réitérer un « ce n'est pas ça », et donc tend incessamment vers autre chose, une Autre chose qui atteinte ne sera pas ça non plus [...] Le désir en cela, comme Lacan l'avait isolé, le désir est foncièrement dans sa phase la plus profonde, désir de rien. Le désir dont le principe, dont la loi est le « ce n'est pas ça », n'a pour objet que le rien[262].**

Ainsi, l'objet du désir est « de nature métonymique, il renvoie donc toujours à un autre objet[263] ». Cet objet « rien » est présent dans *Que cherches-tu ?* sous la forme du « ce n'est pas ça ». Jeanne dit : « Ce n'est pas cela que j'eusse voulu, mais autre

---

[261] Jacques Lacan, *Le Séminaire, Livre XIII, L'objet de la psychanalyse*, séance du 2 février 1966 (inédit).

[262] Jacques-Alain Miller, *Vie de Lacan*, enseignement prononcé dans le cadre de l'Université populaire Jacques Lacan, Orientation lacanienne III,12, 10 février 2010, en ligne, consulté le 10 juillet 2022.

[263] Laurent Cantonnet, « L'amour : aspects cliniques et psychopathologiques », *op. cit.*, p. 314.

chose[264]… » Ici encore, les points de suspension confirment l'absence de l'objet et l'infinitisation du désir (ou du *vouloir* dans le cas présent). Plus loin, elle pense avoir trouvé ce qu'elle cherche, bien que l'objet lui échappe encore : « Tu sais, ce parfum qui sentait bon, si bon […] Que veux-je au juste ? Que cherches-tu ?[265] ». Le parfum ici s'apparente à *l'objet a,* c'est un éclat, une allusion qu'on chérit comme s'il s'agissait de l'objet retrouvé. Mais, ce n'est *pas ça* (encore), d'où les interrogations qui suivent. Et ce parfum chéri est dans un « flacon clos, emporté dans la tombe[266] », comme s'il était scellé, inaccessible. Ainsi, le désir ne se laisse pas satisfaire, le rien est manque, il prend forme dans le refus de tout objet de satisfaction, dans la poursuite infinie d'autre chose. Dès qu'on le nomme, il devient un « rien positivé »[267]. Il en est de même dans *La Boîte en os,* où John est toujours à la recherche de quelque chose qu'il ne trouve pas. Prenons l'exemple du portrait de sa femme qu'il était en train de peindre, et qu'il

---

[264] Antoinette Peské, *Que cherches-tu ? op. cit.*, p. 140.

[265] *Ibid.*, p. 140.

[266] *Ibid.*, p. 140-141.

[267] Carole Dewambrechies-La Sagna, « Lacan, le rien », *loc. cit.*, p. 148-149.

croyait toujours inachevé. L'insatisfaction est illustrée à travers le contraste que l'écriture établit entre le point de vue de Margaret qui évoque un tableau « achevé, à peu près parfaite du premier jet[268] » ; et celui de John « qui voulait y ajouter quelque chose, puis autre chose encore [269] ». Ici, l'insatisfaction est source d'angoisse. Comme nous l'avons déjà démontré, l'objet « rien » en tant qu'*objet a*, peut causer et le désir et l'angoisse.

Le rien et la mort

Dans *La structure inconsciente de l'angoisse*, Jadin rappelle le lien que Miller établit entre le rien et l'angoisse. Selon lui, l'angoisse serait la voie d'accès privilégiée à *l'objet a* comme rien. L'angoisse correspond à la prise de cet objet « rien » dans le fantasme. Cause d'un désir mortel tourné vers le sujet, il dicte « le deuil » à faire de tout objet. À cet égard, Miller relie l'objet « rien » et la pulsion de mort qui est une pulsion de résorption vers le néant[270]. C'est en cela que la quête de l'objet

---

268 Antoinette Peské, *La Boîte en os, op cit.*, p. 126-127.

269 *Ibid.*, p. 126.

270 Jean-Marie Jadin, *La structure inconsciente de l'angoisse, op. cit.*, p. 123.

perdu, impossible à atteindre, est liée à la pulsion de mort ;
quand il s'agit d'un retour inconscient au temps de la mère
archaïque. Comme l'ont souligné Nestor Braunstein et Daniel
Koren :

> **Ce mythe d'une pleine satisfaction, que sa logique
> (dépendante d'une conception de l'origine) oblige à
> considérer comme point de départ [...] est, en même
> temps, le point d'arrivée, l'état de repos absolu qui
> s'atteindrait après la consommation de la flamme de
> la vie dans l'ultime quiétude[271].**

Dans les deux romans de Peské, il apparaît que le désir
s'approche d'une jouissance qui suppose l'atteinte de l'objet.
Or, l'objet atteint, et dont on jouit, semble n'être jamais autre
chose que cet objet « rien » qui est fantasmatiquement atteint
dans la mort. Il y a quelque chose qui pourrait être atteinte,
un au-delà qui n'a pas à composer avec le réel exaspérant qui
nous prive. Dans *Que cherches-tu ?* l'écriture nous met face à
cette rencontre avec l'au-delà de ce que l'on ne peut voir, mais
que l'on regarde malgré tout : « Ses yeux se remplirent

---

[271] Nestor Braunstein et Daniel Koren, *La jouissance : un concept lacanien*,
Toulouse, Érès, coll. « Points hors ligne », [1992] 2012, p. 73.

d'extase, mais ils regardaient déjà dans l'autre monde[272] ». La vision de ce qu'on regarde est alors insaisissable bien qu'on veuille toujours le saisir : « ses doigts cherchaient à saisir quelque chose[273] ». Le récit de Peské ne nous offre-t-il pas l'expression littéraire de cet objet « rien » que l'on cherche en creux à attraper, d'où l'extase éprouvée à l'atteinte de ce rien dans la mort ?

Dans la *Boîte en os*, ce qui est visé est aussi au-delà de ce qui se présente, l'objet est visé bien qu'on sache qu'il est indéfiniment inaccessible ; d'où le contraste qui est exprimé dans cette phrase : « Je le cherchais avec la certitude de ne pas le trouver[274] ». Ici, l'énoncé maintient une certaine ambiguïté : le pronom « le » revient à qui ou à quoi ? Est-ce John ? Ou l'objet lui-même reflété en lui ? Apparemment, l'un et l'autre se confondent parfaitement. Un autre contraste est lisible à travers cette assertion : « je savais " sa présence là "[275] ». Ici,

---

[272] Antoinette Peské, *Que cherches-tu ? op. cit.*, p. 137.
[273] *Idem.*
[274] Antoinette Peské, *La Boîte en os, op. cit.*, p. 130.
[275] *Idem.*

l'écriture isole *sa présence là* entre guillemets. Est-il absent ou présent ? Est-ce dire que son absence le présentifie ? Mais où donc ? La réponse ne tarde pas : « Il est dans l'autre monde et il m'y appelle[276] ». Ainsi, l'objet est présent dans l'au-delà, il pourrait y être atteint, et procurer une jouissance d'outre-monde. Le récit le confirme avec cette joie de mourir : « Comme je vais être heureuse de mourir maintenant ![277] » ; et plus loin : « Lorsqu'il recula, il la vit morte, qui souriait[278] ». Tout cela semble tourner autour de l'idée d'une jouissance tournée vers le *rien* de l'objet à la fois absent et indéfiniment présent, malgré tout. Il en est de même du jeune couple John et Lucie qui semble avoir atteint quelque chose de l'objet dans la mort, et il s'en réjouit. C'est le rêve d'une existence hors du réel, dans un monde de jouissance, où les âmes sont « comme les fleurs d'un immense bouquet. Chacune avait sa senteur, et leurs senteurs réunies formaient un parfum victorieux[279] ». Nous retrouvons ici le parfum dont parlait Jeanne dans *Que*

---

[276] *Idem.*

[277] *Idem.*

[278] *Ibid.*, p. 135.

[279] *Ibid.*, p. 207.

cherches-tu ? et qu'Edward avait emporté dans la tombe. Tel que déjà mentionné, ce parfum fait partie de l'être aimé, c'est un fragment, une allusion à la présence désirée. Il est qualifié ici de victorieux pour confirmer une fois de plus qu'une certaine jouissance a été atteinte dans la mort. Ainsi, l'objet rien se rapproche de celui qui est visé dans la pulsion de mort ; où le désir pourrait être supposé comme étant assouvi et où l'union pourrait être possible en même temps que toute tension désirante serait annulée. Dans son séminaire, *Le désir et son interprétation*, Lacan avance que : « Le petit *a* [...] participe d'un rien auquel il se réduit. C'est au-delà de ce rien, que le sujet va chercher l'ombre de sa vie d'abord perdue[280] ».

Pour conclure, nous avons mentionné au début de ce chapitre que notre point de départ consistait à identifier un manque obsédant dans le roman de Peské, il en est de même pour le point d'arrivée : le manque est toujours au rendez-

---

[280] *Jacques Lacan, Le Séminaire, Livre VI, Le désir et son interprétation, op. cit.,* p. 442.

vous car l'*objet a* ne comble pas tout manque, il n'est pas la Chose. Vu que la rencontre avec la Chose est manquée, il y a :

« la perte de la jouissance », qui tient au vide de la Chose et à la pulsion de mort. L'objet a apparait en ce point. En tant qu'il tient la place de la Chose, il laisse accroire à l'homme qu'avec la jouissance sexuelle est offerte une jouissance absolue. Il est à la fois ce qui ne prend son sens que de la pulsion de mort, et ce qui introduit les pulsions partielles, cause le désir et rappelle la jouissance. Il marque l'absence de la jouissance absolue et en entretient le mythe[281].

Ce leurre domine nos vies et détermine le parcours de chacun vers la jouissance. Qu'en est-il alors de cette jouissance absolue à la fois interdite mais recherchée ? Et comment se traduit ce problème de la jouissance dans *La Boîte en os* ? C'est sur cette question que s'attardera le prochain chapitre.

---

[281] Alain Juranville, *Lacan et la philosophie*, *op. cit.*, p. 230.

CHAPITRE III

Perversion de l'amour courtois dans

la Boîte en os

Jouissance et amour courtois

Tel que nous l'avons vu, dans le chapitre précédent, l'*objet a* est en étroite liaison avec la jouissance. Un brin de jouissance lui est accroché à travers le fantasme, mais ce n'est pas la jouissance souhaitée, autrement dit, elle n'est pas la Jouissance primaire[282]. Le sens du terme « jouissance » a évolué à travers les siècles. Au XVe siècle, jouissance désignait l'usage, le désir, la possession. Au XVIIe siècle, *jouir (de quelque chose)* désignait un rapport de possession et l'exploitation d'un bien. C'est plus tard que le mot prend le sens de *plaisir ;* et éventuellement de *possession charnelle*[283]. Dans sa réflexion sur la jouissance, Saint-Augustin « a élaboré le couple " jouir/utiliser " (frui/uti) [...] Frui désigne essentiellement un certain rapport entre le moi et la " chose " [...] cette "chose" : elle est en quelque sorte posée comme antérieure par

---

[282] Jouissance est écrite en majuscules pour désigner la Jouissance primaire.

[283] Jacques Le Brun, *Le pur amour de Platon à Lacan*, Paris, Seuil, coll. « La librairie du XXIe siècle », 2002, p. 67.

rapport à la jouissance [...] jouir, c'est se mettre en un certain état, s'arrêter sur la chose[284] ». Nous nous approchons du sens psychanalytique du terme de « jouissance[285] ». Du point de vue psychanalytique, on ne peut pas avoir accès à la Jouissance en tant que telle, celle du narcissisme primaire. Nathalie Kok nous réfère à la vision lacanienne selon laquelle :

> **L'être humain est l'effet du langage. Formé par un entourage langagier, l'homme vit dans un monde symbolique qui décide de sa réalité [...] Une fois adopté par l'Autre symbolique, c'est-à-dire par la culture et le langage, l'homme se trouve coupé du réel, séparation d'où naît le désir de combler l'écart, de retrouver la complétude d'avant l'apparition du langage [...] Cette plénitude qu'il nomme « Jouissance » est impossible. En tant que sujet, l'être**

---

[284] *Ibid.*, p. 68-69.

[285] Sur la jouissance, nous lisons dans le dictionnaire de la psychanalyse ce qui suit : « La jouissance concerne le désir, et précisément le désir inconscient ; cela montre combien cette notion déborde toute considération sur les affects, émotions et sentiments et pose la question d'une relation à l'objet qui passe par les signifiants inconscients [...] Du point de vue de la psychanalyse, l'accent est porté sur la question complexe de la satisfaction, et en particulier, dans son lien avec la sexualité ». (Roland Chemama et Bernard Vandermersch, *Dictionnaire de la psychanalyse*, *op. cit.*, p. 291.)

humain ne peut dépasser le symbolique et retourner à la perfection originaire[286].

Après la deuxième coupure constituée par le complexe de castration, on n'a plus accès aux satisfactions premières vécues, il faut se contenter d'une jouissance plus ou moins artificielle, un semblant de jouissance [287]. Ce semblant de jouissance pourrait être atteint grâce à *l'objet a* et au fantasme. Autrement dit, on n'a pas accès à une Jouissance infinie, mais limitée ; le fantasme agit comme obstacle à l'égard de la Jouissance infinie. Le sujet « peut s'imaginer qu'il reprend à sa charge ce qui était de l'Autre [...] Cette jouissance-là, la passion amoureuse peut la laisser surgir un instant fulgurant et muet. Car, dans la vie quotidienne, il est expérimenté qu'elle demeure inaccessible [...] et interdite à celui qui parle[288] ». Notons que, dans son ouvrage *La perversion*, Hervé Castanet résume la pensée lacanienne sur le corps et la

---

[286] Nathalie Kok, *Confession et perversion : une exploration psychanalytique du discours pervers dans la littérature française moderne*, Louvain, Peeters, coll. « Accent », 2000, p. 80-81.

[287] Juan Pablo Lucchelli, *Le malentendu des sexes, op. cit.*, p. 108.

[288] Marie-Claire Boons, « L'exil amoureux », *Les cahiers du GRIF*, vol. 31, n° 1,1985, p. 53-54.

jouissance en ces mots : « il y a incompatibilité entre la jouissance, « interdite à qui parle comme tel », et le corps en tant qu'il est incorporation de symbolique »[289].

Ainsi, comme l'objet originaire est perdu et irrécupérable, la Jouissance est impossible. Pour Lacan, « le désir a toujours partie liée avec un projet de récupération impossible, puisque ce qui est à récupérer est à la fois le domaine libidinal réprimé, constitutif de l'inconscient, et l'« objet perdu », la mère précœdipienne[290] ». Le concept lacanien de jouissance est donc

---

[289] Hervé Castanet, *La perversion*, Paris, Economica-Anthropos, coll. « Psychanalyse », 2012, p. 73-74.

Sur la loi symbolique, nous lisons dans le dictionnaire de la psychanalyse ce qui suit : « La loi symbolique se présente ici comme médiation par le père entre le sujet et cette jouissance dévorante de l'Autre en autorisant le désir [...] Le père est celui qui unit le désir à la loi et non ce qui l'interdit. Mais l'accès au désir n'est pas gratuit. L'angoisse est le signal qui rappelle au sujet sa dette à l'égard du langage, qu'il a à " se mettre en cause ". Pour le paiement de cette dette, l'amour ne suffit pas, il y faut une part de jouissance (l'objet a). Le fantasme, c'est la mise en relation du sujet, sans domicile fixe dans le langage, avec cet objet a, détaché d'un orifice qui, lui, est localisé dans le corps. La loi ne prescrit donc pas tant la séparation d'avec la mère que la cession d'un objet de jouissance commun aux deux pour qu'il devienne dans le fantasme la cause de son désir » (Roland Chemama et Bernard Vandermersch, *Dictionnaire de la psychanalyse, op. cit.*, p. 327.)

[290] Judith Butler, *Sujets du désir réflexions hégéliennes en France au XXe siècle, op. cit.*, p. 233.

en lien avec la Chose. En réalité, tel que nous lisons dans *Confession et perversion* de Nathalie Kok :

> **Entouré de signifiants depuis toujours, le sujet, n'a jamais eu accès au réel ni à la Jouissance [...] Aussi, contrairement à l'idée courante que la Jouissance est synonyme de béatitude, Lacan observe-t-il que la Jouissance n'a rien de joyeux. [...] Jouissance signifie souffrance [...] elle n'est rien d'autre que « le chemin vers la mort »[291].**

C'est cette Jouissance impossible qui constitue un enjeu dans *La Boîte en os*. Cette jouissance originaire qui est irrécupérable sous cette forme, et qu'il fallait alors, selon Braunstein, « déverser par un autre canal, la per-vertir [...] De la jouissance de l'être, on est passé à la jouissance phallique [292] ». Cela dit, cette jouissance phallique cause problème ou plutôt révèle l'incompatibilité de jouissance entre homme et femme. Si l'homme est soumis à la jouissance phallique, il en est autrement pour la femme. C'est pourquoi Lacan dit de la femme qu'elle est « pas-toute », pas toute

---

[291] Nathalie Kok, *Confession et perversion, op. cit.*, p. 109.

[292] Nestor Braunstein et Daniel Koren, *La jouissance : un concept lacanien, op. cit.*, p. 51.

soumise à la fonction phallique ; elle a accès aussi à un supplément de jouissance, une jouissance autre, tandis que la jouissance phallique est un « accomplissement radicalement faillé et partiel[293] ».

La jouissance doit être mise en rapport avec l'énoncé lacanien qui dit que le rapport sexuel n'existe pas puisqu'il est toujours de l'ordre de l'incomplétude. De cette disparité incommunicable des jouissances résulte l'impossibilité dans le réel du rapport sexuel[294]. Selon Lacan, « la jouissance, en tant que sexuelle, est phallique, c'est-à-dire qu'elle ne se rapporte pas à l'Autre comme tel[295] » :

> **Le corps de l'Autre ne s'atteint jamais en tant que tel. Et cela à cause de l'ordre symbolique et de la loi phallique. On ne jouit que de l'organe, à travers « l'a », ou alors de l'organe, et à travers ce qui se dénommerait « Dieu », mais qui est indicible. C'est de cet exil des corps [...] que Lacan tire son fameux**

---

[293] Alain Juranville, *Lacan et la philosophie*, *op. cit.*, p. 227.

[294] Nestor Braunstein et Daniel Koren, *La jouissance: un concept lacanien*, *op. cit.*, p. 147.

[295] Jacques Lacan, *Le Séminaire, Livre XX, Encore*, *op. cit.*, p. 17.

aphorisme « il n'y a pas de rapport sexuel ». Il n'y a pas de rapport sexuel qui puisse se dire[296].

On peut faire l'amour, mais la condition de la parole implique qu'il y a « toujours ratage, un décalage inévitable entre la jouissance rêvée et celle obtenue. Il y aura toujours quelque chose du moment sexuel d'ininscriptible dans le signifiant, d'indicible[297] ». Ainsi, le rapport sexuel ne peut pas s'écrire. Il appartient au réel, alors, il ne peut pas être symbolisé. Il y a sûrement des rencontres, heureuses ou malheureuses à travers de nombreux artifices comme mentionné ci-dessus : le fantasme de l'*objet a* du côté *homme* et l'Autre jouissance du côté *femme*.

Le désir du sujet, en quête de l'objet premier, perdu à jamais, se heurte à l'impossible de faire *Un* avec l'autre dans le cadre du rapport sexuel : « L'Éros est-il tension vers l'Un ? [...] le désir ne nous conduit qu'à la visée de la faille où se démontre que l'Un ne tient que de l'essence du signifiant[298] ».

---

296 Marie-Claire Boons, « L'exil amoureux », *loc. cit.*, p. 55.

297 *Ibid.*, p. 54.

298 Jacques Lacan, *Le Séminaire, Livre XX, Encore*, *op. cit.*, p. 13.

La poursuite du complément, le mythe d'Aristophane[299] agit « de façon pathétique et leurrante, en articulant que c'est l'autre, que c'est sa moitié sexuelle, que le vivant cherche dans l'amour [300] ». Cependant, homme et femme ne sont pas complémentaires, ils ne pourront pas faire *Un*, même si l'amour est réciproque. La psychanalyse substitue au mythe d'Aristophane, « la recherche par le sujet, non du complément sexuel, mais de la part à jamais perdue de lui-même, qui est constituée du fait qu'il n'est qu'un vivant sexué, et qu'il n'est plus immortel[301] ». Cet imaginaire de l'unité hante le sujet au

---

[299] Le discours d'Aristophane dans *Le Banquet* de Platon mentionne qu'il y avait l'androgyne, un genre distinct qui faisait la synthèse des deux autres, le mâle et la femelle. En outre, chacun avait deux sexes. Ils s'en prirent aux dieux, alors comme punition, Zeus décida de les couper chacun en deux. Quand l'être humain primitif a été dédoublé par cette coupure, chaque morceau, regrettant sa moitié, tentait de s'unir de nouveau à elle, ils s'enlaçaient mutuellement parce qu'ils désiraient se confondre en un même être et ils finissaient par mourir de faim et de l'inaction causée par le refus de ne rien faire l'un sans l'autre. Ainsi, l'espèce s'éteignait. Pris de pitié, Zeus transporta les organes sexuels sur le devant du corps de ces êtres humains. C'est donc d'une époque aussi lointaine que date l'implantation dans les êtres humains de cet amour, celui qui rassemble les parties de notre antique nature, celui qui de deux êtres, tente de n'en faire qu'un seul pour ainsi guérir la nature humaine. Sans cesse donc, chacun est en quête de sa moitié complémentaire (Platon, *Le Banquet*, trad. L.Brisson, Paris, Flammarion, 1998, p. 114 à 117).

[300] Jacques Lacan, *Le Séminaire, Livre XI, les quatre concepts fondamentaux de la psychanalyse*, *op. cit.*, p. 187.

[301] *Idem.*

quotidien, cet Un est ce qui est visé, soit la satisfaction totale, la jouissance absolue. Cependant, il n'y a pas de satisfaction totale, cet Un auquel les amoureux aspirent, est un mirage narcissique : « On s'aperçoit que l'amour, s'il est vrai qu'il a rapport avec l'Un, ne fait jamais sortir quiconque de soi-même [...] Cet Un dont tout le monde a plein la bouche est d'abord de la nature de ce mirage de l'Un qu'on se croit être[302] ». L'homme se croit complet, il se croit *Un* « auquel ne manquerait aucun phallus dans le miroir[303] », pourtant, le sujet parlant n'est pas total, du fait de son entrée dans le monde de la parole, il est morcelé. Ce fantasme de fusion provient d'un amour narcissique figé dans le registre imaginaire, c'est un amour mortifère qui « va vers la totalité et l'absence de manque [...] Cette totalité jouissante est impossible [...] sauf à mourir, les amoureux n'y parviendront jamais car il n'y a pas de rapport sexuel[304] ». Est-ce bien cette « totalité jouissante » que cherche John dans *La Boîte en os* ? Le

---

[302] Jacques Lacan, *Le Séminaire, Livre XX, Encore, op. cit.*, p. 61.

[303] Laurent Cantonnet, « L'amour: aspects cliniques et psychopathologiques », *op. cit.*, p. 82.

[304] *Ibid.*, p. 231.

roman gravite-t-il autour de la représentation d'un amour narcissique mortifère ?

À vrai dire, comme l'affirme Lacan, « pour l'homme, à moins de castration, c'est-à-dire de quelque chose qui dit *non* à la fonction phallique, il n y'a aucune chance qu'il y ait jouissance du corps de la femme[305] », car, comme mentionné ci-dessus, ce qu'il aborde ce n'est pas la femme, mais la cause de son désir, l'*objet a.* La jouissance phallique est un obstacle au rapport sexuel. C'est donc l'inadéquation de la jouissance qui fonde l'impossibilité d'écrire le rapport sexuel. Et Lacan ajoute : « N'est-ce pas de l'affrontement à cette impasse, à cette impossibilité d'où se définit un réel, qu'est mis à l'épreuve l'amour ?[306] » En fait, l'amour fait l'épreuve du réel, de l'impossible rapport sexuel. Il pourrait faire en sorte que ce rapport puisse s'écrire, mais seulement par la voie de l'illusion : « que quelque chose [...] s'inscrit dans la destinée de chacun, par quoi, pendant un temps, un temps de suspension, ce qui serait le rapport sexuel, trouve chez l'être

---

[305] Jacques Lacan, *Le Séminaire, Livre XX, Encore, op. cit.*, p. 92-93.
[306] *Ibid.*, p. 183.

parlant sa trace et sa voie de mirage[307] ». Par ailleurs, l'amour se supporte « d'un certain rapport entre deux savoirs inconscients[308] », et ce « rapport dit sexuel – devenu le rapport de sujet à sujet – cesse de ne pas s'écrire[309] ». Ainsi, « l'absence de rapport sexuel est recouverte, voilée […] par le rapport amoureux en tant que rapport de sujet à sujet (soit par métonymie : rapport de deux savoirs inconscients)[310] ». Et nous lisons plus loin :

> **Ce savoir est un point de Réel, c'est-à-dire un savoir inconscient. Cet impossible savoir, que le sujet amoureux suppose possédé par l'autre à qui s'adresse son amour, est directement issu de la logique de la sexuation qui rend impossible tout rapport sexuel. Voilà en quoi l'amour prend fonction de suppléance à ce non-rapport. En ceci, l'amour restera inéluctablement un ratage, un nouage précaire qui ne réussira pas à faire exister le rapport sexuel. Il est une suppléance à l'insu du sujet peut-on dire : il y croira,**

---

[307] *Ibid.*, p. 184.

[308] *Ibid.*, p. 182.

[309] *Ibid.*, p. 183.

[310] Laurent Cantonnet, « L'amour: aspects cliniques et psychopathologiques », *op. cit.*, p. 272.

notamment dans l'élan passionnel, voire la possibilité d'un rapport sexuel[311].

Dans *La jouissance, un concept lacanien*, nous lisons : « L'amour, et lui seul, disait Lacan […] permet à la jouissance de condescendre au désir […] le sujet devra se prouver comme désirant, habité par un manque […] entre le désir et la jouissance, il n'y a, si ce n'est l'amour, que le cri violent de l'angoisse[312] », comme nous le verrons au cours de ce chapitre. Rappelons que l'amour ne fait pas rapport sexuel même s'il y supplée, et que ce réel du rapport impossible devrait être reconnu.

L'amour est narcissique de par sa nature, il s'attache à l'autre en tant qu'image de son propre moi. Cet amour ne fera jamais suppléance. De quel amour alors s'agit-il ? Dans son séminaire *Encore*, Lacan avance que l'amour courtois « est une façon tout à fait raffinée de suppléer à l'absence de rapport sexuel, en feignant que c'est nous qui y mettons obstacle[313] ».

---

[311] *Ibid.*, p. 288.

[312] Nestor Braunstein et Daniel Koren, *La jouissance : un concept lacanien*, *op. cit.*, p. 291-292.

[313] Jacques Lacan, *Le Séminaire, Livre XX, Encore*, *op. cit.*, p. 89.

Selon Cantonnet, « plutôt que de se confronter brutalement à l'impossible rapport sexuel, le sujet fait de cet impossible le ressort même de son rapport à la Dame ; c'est une façon de croire prendre le dessus sur ce qui est de toute façon incontournable[314] ». Que connait-on de l'amour courtois ? Au Moyen Âge, l'amour courtois désigne une technique spirituelle et poétique, une ascèse et une conduite morale qui s'oppose à ce que la passion aboutisse à l'entière possession de la Dame[315]. Les exploits du chevalier sont dictés par sa soumission absolue à la Dame ; et c'est pour plaire à sa Dame qu'il recherche la perfection. Cependant, les exploits ne suffisent pas à faire fléchir une dame inaccessible, il lui faut savoir aimer, souffrir en silence, et être ingénieux pour exprimer sa passion[316]. Pourquoi Lacan s'est-il intéressé à l'amour courtois ? Parce que, selon lui, un amour idéal s'épanouit mieux « à travers l'institution du manque dans la

---

[314] Laurent Cantonnet, « L'amour: aspects cliniques et psychopathologiques », *op. cit.*, p. 108.

[315] D. de Rougemont, *L'Amour et l'Occident*, Paris, Union générale d'éditions, coll. « 10/18 », [1939] 1962, p. 27.

[316] André Lagarde et Laurent Michard, « La littérature courtoise », *Les grands auteurs français du programme. 1 : Moyen Age*, Paris, Bordas, 1994, p. 44-45.

relation d'objet », c'est quelque chose en soi, qui « non seulement se passe de satisfaction, mais vise très précisément la non-satisfaction »[317]. Il s'agit, pour Lacan, d'idéaliser le manque, d'accepter sa castration symbolique. Et la voie de cette idéalisation passe inéluctablement par la notion d'*amour courtois*, un amour qui instaure et idéalise le manque en son sein. De là, et à partir du manque d'objet, l'amour courtois viserait « la réalisation de cet au-delà qui est cherché dans l'amour, l'au-delà proprement érotique[318] ». C'est en ce sens que ce qui est visé se situe au-delà de l'objet. Comme le mentionne Cantonnet, il faut dès lors partir de « cet au-delà qui est visé dans l'amour courtois » pour comprendre qu'il s'agit d'un amour qui n'attend « pas de retour », « pas de manifestation de l'aimée », mais qui se présente néanmoins comme un « don »[319]. L'amour courtois permettrait donc un glissement du registre imaginaire au registre symbolique. Il ne s'agit plus de l'image idéalisée, mais du don symbolique

---

[317] Jacques Lacan, *Le Séminaire, Livre IV, La relation d'objet, op. cit.*, p. 109.

[318] *Ibid.*, p. 88.

[319] Laurent Cantonnet, « L'amour: aspects cliniques et psychopathologiques », *op. cit.*, p. 228.

de l'amour. L'amant est dans l'attente d'un bonheur toujours à venir ; il doit « passer par le jaillissement de la trouvaille poétique [...] pour jouir de la Dame[320] ». Le rapport entre l'amour et le symbolique est parfaitement illustré par la poésie courtoise. Ce détour sur l'idéal de l'amour courtois nous servira, au cours de ce chapitre, en quelque sorte de contre-point théorique. Si Lacan a pu dire que « l'amour c'est l'amour courtois[321] », qu'en est-il de l'amour sur-idéalisé au travers de l'objet inaccessible dans *La Boîte en os* ?

À la recherche de l'unité absolue

Nombreuses sont les œuvres littéraires qui illustrent cette recherche de Jouissance et de fusion amoureuse, ainsi que l'angoisse qui en découle. Si ce chapitre porte plus exclusivement sur *La Boîte en os*, c'est que ce roman porte cette recherche à un niveau véritablement obsédant, avec une audace et une violence particulière. Depuis sa jeunesse, John

---

[320] Jean-Michel Vivès, « L'amour courtois entre fauteuil et divan : pour une lecture poétique de l'amour de transfert », *Cliniques méditerranéennes*, vol. 84, n° 2, 2011, p. 15.

[321] Jacques Lacan, *Le Séminaire, Livre XXI, Les non-dupes errent*, séance du 8 janvier 1974 (inédit).

est dominé par une soif de possession absolue qui pourrait être attribuée à un désir de faire *Un* avec l'autre. Nous le percevons dans cette citation qui traduit un fantasme d'incorporation : « Y a-t-il un moyen plus sûr de posséder ce qu'on aime que se l'assimiler ?[322] » On remarque que l'auteure écrit « ce », et non « celui » ou « celle » ; quand *ce* désigne moins une personne qu'un objet. Le texte nous présente une tentative de posséder l'objet à travers la dévoration. C'est une tentative diabolique de maîtriser l'autre comme s'il était un objet. Observons comment le narrateur décrit le visage de son ami après avoir manifesté ce fantasme d'incorporation : « Je remarquai la fixité de sa pupille entourée d'une sorte d'eau trouble, comme *laiteuse*. Je n'avais vu une telle expression et des yeux semblables qu'à un *chien enragé*[323] ». Nous constatons que c'est le même vocabulaire utilisé pour décrire les yeux de Margaret : John aspire à une jouissance mortifère à travers la possession de l'objet perdu et inaccessible, l'incorporation de cet objet au moi constitue un accès à une Jouissance interdite.

---

[322] Antoinette Peské, *La Boîte en os, op. cit.*, p. 22.

[323] *Idem.* Nous soulignons.

Sur l'interdit de la jouissance, Silvia Lippi mentionne que c'est le père qui incarne la Jouissance et que c'est de sa mort ou plutôt son meurtre, que s'origine la loi qui interdit au fils la Jouissance (le père mort c'est le père symbolique). Elle ajoute que le père promet la jouissance « au futur » mais l'empêche « au présent »[324].

Dans *La Boîte en os*, l'idée d'incorporer l'objet revient, quelques pages plus loin, en parlant de Margaret : « Elle était d'avis, comme moi, que [...] ce qu'on aimait, afin d'être sûr de n'en pas être séparé, mieux valait le dévorer plutôt qu'essayer de l'étreindre dans ses bras ou dans sa main. Cependant, elle ne déplorait pas comme moi de ne pouvoir dévorer sa mère[325] ». Le pronom « ce » est de nouveau utilisé, confirmant qu'il s'agit d'un objet et non d'une personne. En plus, le texte évoque clairement ce fantasme d'incorporation à travers la répétition du verbe *dévorer* ; et c'est sa mère qu'il veut dévorer, ce qui renvoie à un désir de fusion avec la mère

---

[324] Silvia Lippi, « Les lois du désir », *La décision du désir*, Toulouse, Érès, coll. « Point Hors Ligne », 2013, p. 209-210.

[325] Antoinette Peské, *La Boîte en os, op. cit.*, p. 32.

et une tentative de récupération de la Jouissance perdue. « Dévorer sa mère » nous fait penser au cannibalisme infantile et pourrait témoigner d'un sentiment d'incomplétude, du refus de la castration symbolique ; identification narcissique qui vise un retour à un état antérieur. Selon Freud, une telle identification est le résultat d'une régression jusqu'au narcissisme primaire[326]. Ce qui renvoie, bien sûr, à la nostalgie de retrouver l'état d'union avec l'objet primaire, de retourner au temps originaire où sujet et objet n'étaient pas séparés. Notons que la mère, « inaccessible du fait de la prohibition de l'inceste, incarne, en tant qu'objet radicalement perdu, l'altérité radicale[327] ».

Ce désir de possession et de fusion va prendre une dimension plus élaborée et plus tragique quand John épousera Margaret. Le récit pose la question du désir qui demeure insatiable au moment de la possession la plus frénétique de l'être aimé. Le texte de Peské représente à

---

[326] Sigmund Freud, *Métapsychologie*, *op. cit.*, p. 222-223.

[327] Roland Chemama et Bernard Vandermersch, *Dictionnaire de la psychanalyse*, *op. cit.*, p. 73.

merveille tout ce que nous avons mentionné ci-dessus à propos du rapport sexuel et du mythe de l'unité absolue, ainsi que de l'angoisse correspondante. Le manque pousse les protagonistes à chercher à le combler dans la rencontre sexuelle. Cependant, la rencontre n'est qu'un départ, la jouissance n'est pas dans la rencontre des corps, mais se situe au-delà. Le texte le confirme à travers cette citation : « quand ton regard a plongé dans le vide de ses yeux et ton sexe dans le vide de son corps, quel pas de plus as-tu fait vers elle ?[328] » Nous sommes sur le registre du corps lequel se retire toujours plus loin et exige de faire un pas encore. Mais vers où ? Et jusqu'où ? Il s'agit toujours de l'attrait supplémentaire et excessif d'un vide, d'un trou, d'un manque, de la Chose. Ainsi, le récit met le point sur l'angoisse du rapport sexuel absent et la croyance erronée que la rencontre de l'autre fera rapport. La rencontre sexuelle ne comble pas le désir de John, autrement dit, la jouissance phallique n'est pas suffisante et

---

[328] Antoinette Peské, *La Boîte en os, op. cit.*, p. 91.

se donne plutôt comme un leurre. Comme le mentionne Ricœur :

> **La jouissance phallique n'est pas directement accessible au désir, si on peut dire : elle ne peut s'exercer qu'à travers toute une élaboration qui met en jeu le langage et qui doit faire le détour par le fantasme. Ça n'empêche pas que ce soit ce détour qui rend possible ce que les humains connaissent de satisfaction sexuelle. Mais le prix à payer pour ce passage par le fantasme est une sorte de fragilité de l'être parlant dans son rapport à une satisfaction qui est, je le répète, dénaturée. Conséquence de cette fragilité : l'angoisse peut s'en mêler et le symptôme y pointer son nez[329].**

Nous trouvons, à la même page de *La Boîte en os*, la même angoisse due au fait que la rencontre sexuelle ne fait pas de deux corps un seul : « son corps était toujours un corps à côté de mon corps, son cerveau, un cerveau à côté de mon cerveau, son cœur, un cœur à côté de mon cœur[330] ». Il s'agit d'une double construction ternaire : premièrement, l'insistance des adjectifs possessifs : « son, mon », séparés par l'article indéfini

---

[329] Jean-Paul Ricœur, « Lacan, l'amour », *loc. cit.*, p. 23.
[330] Antoinette Peské, *La Boîte en os*, *op. cit.*, p. 91.

« un », démultiplie l'image en trois éléments distincts ; comme s'ils faisaient trois en réalité, comme s'il y avait, entre elle et lui, un troisième élément générique, abstrait et dépersonnalisé (1. *son corps*, 2. *un corps*, 3. *mon corps*). Comme dit Lacan : « Ils sont trois, mais en réalité, ils sont deux plus a[331] ». Soit un ensemble où s'insère l'*objet a* qui, à travers le fantasme, pourrait donner l'illusion d'une satisfaction, ou, au contraire, constituer un obstacle à la rencontre sexuelle. De fait, corps, cœur et cerveau forment un ensemble à trois (l'image du corps est très présente dans cet ensemble), et apparemment, l'objet que cherche John est *dans le corps*, et non pas au-delà. La citation souligne doublement que le mythe de faire *Un* n'est que leurre et illusion ; pire, elle l'exprime comme une impasse obsédante que le langage même rend insoluble. Sur le fantasme de l'*Un*, Braunstein résume la pensée lacanienne en ces mots :

> **Pour Lacan, il y a un leurre [...] constitutif de l'acte sexuel et qui mène l'homme à chercher un complément en accord avec la promesse biblique d'arriver à être une seule chair. Il finit par trouver**

---

[331] Jacques Lacan, *Le Séminaire, Livre XX, Encore, op. cit.*, p. 64.

> qu'il n'y a effectivement qu'une seule chair, la sienne. Il en résulte en fait une déception par rapport à cette duperie [...] en cherchant la chair unifiée, il trouve la castration et la vérité de l'acte sexuel, celle du manque de la jouissance quelque part[332].

En effet, la promesse biblique se trouve prise au pied de la lettre, c'est pourquoi le texte de Peské la qualifie de « non-sens », apparemment, le registre symbolique est écarté. Ce malentendu est source de désespoir : « Ne pas pouvoir être un avec ce qu'on aime ![333] » En plus de déplorer l'absence d'unité, c'est au pronom « ce » que revient d'exprimer la dépersonnalisation de l'être aimé, son devenir objet, sa chosification. Comme s'il s'agissait moins de fusionner avec l'être aimé qu'avec l'objet que l'on cherche à posséder. Le texte ne cesse de souligner cette vérité.

L'échec renouvelé de la rencontre impossible ne cesse de susciter des mouvements de violence, ainsi le texte parle-t-il des « contacts brutaux, de plus en plus souvent

---

[332] Nestor Braunstein et Daniel Koren, *La jouissance : un concept lacanien*, *op. cit.*, p. 133.

[333] Antoinette Peské, *La Boîte en os*, *op. cit.*, p. 91.

renouvelés[334] ». C'est aussi la répétition de cet impossible qui, dès lors, fonctionne comme un piège ou un engrenage : « J'étais d'ailleurs pris dans une sorte d'engrenage et il m'était pratiquement impossible de me dégager[335] ». La psychanalyse a depuis longtemps fait le rapprochement entre l'agressivité, l'impulsion à posséder l'autre, et la structure narcissique de l'amour :

> **L'autre en qui je crois voir mon image sera d'un même mouvement constitué en une figure d'autorité et de pouvoir à laquelle je me voue mais dans la concurrence duelle, la concurrence mortifère, l'agressivité destructrice si tant est que je me veuille à sa place. Enfer où le couple amoureux ici livré aux seuls mirages narcissiques, à la haine et ses ravages s'avère voué au tourment. Dans un tel couple, l'amour se fixe à l'illusion de la complétude, de l'unité, du tout. Dès lors, l'au-delà de la loi de toute grande passion dégénère en une loi réelle exercée par un des deux partenaires sur l'autre[336].**

---

[334] *Ibid.*, p. 92.

[335] *Idem.*

[336] Marie-Claire Boons, « La psychanalyse et la question de l'amour », *Le bulletin freudien*, n° 37-38, août 2001, p. 33-34.

Dans le roman de Peské, plusieurs indices textuels nous rappellent cette même structure narcissique et l'agressivité qui en découle. Par exemple le mot « hostile », suivi des points de suspension, dans la phrase suivante : « les amants les plus étroitement liés [...] condamnés à rester corporellement et mentalement étrangers l'un à l'autre, sinon hostiles... [337] » Le mot hostile appartient, bien sûr, au registre de l'agressivité. Il contraste avec « étroitement liés ». Ensuite, la parole est suspendue pour permettre au lecteur de s'imaginer ce qui peut résulter de cette hostilité, sinon pour en mesurer le poids. En ce sens, l'illusion d'une unité fantasmatique, le rêve d'une rencontre sans séparation, sans autre, ni différence, sont fatalement dévastateurs : « Mon impuissance à me glisser tout entier en Margaret pour voguer par *veines et artères* dans son sang chaud, connaître tous les recoins de son *corps*, observer le moteur de ses *pensées*, m'irritait plus que tu ne saurais le croire[338] ». Au début, le texte manifestait un désir d'incorporer l'autre qui s'est métamorphosé en un désir d'être

---

[337] Antoinette Peské, *La Boîte en os, op. cit.*, p. 91.
[338] *Ibid.*, p. 96. Nous soulignons.

incorporé par l'autre à travers la rencontre sexuelle. Si nous regardons de plus près cette citation, nous remarquerons qu'elle répète une partie de la construction ternaire évoquée dans le paragraphe précédent ; il s'agit toujours du cœur, du cerveau et du corps qui devraient fusionner. La répétition de ce désir de faire *Un* marquera le début de la chute. Peské ne cesse d'insister sur l'absurdité de ce fantasme d'unité qui vise la totalité. Cette totalité jouissante ne pourrait être atteinte qu'à la fin de la vie, grâce à la mort. À ce sujet, nous lisons chez Kristeva : « Deux amours ne sont-ils pas essentiellement individuels et donc incommensurables, condamnant ainsi les partenaires à ne se rencontrer qu'à l'infini ?[339] »

Idéalisation de l'objet

Vu que la jouissance est inaccessible, l'issue ne peut-être que dramatique. John accuse Dieu d'avoir mis une barrière entre lui et sa femme. Et de fait, on remarque que l'écriture semble elle-même obsédée par la figure de la « barrière », qui est reprise sous plusieurs formes et à travers des mots qui

---

[339] Julia Kristeva, *Histoires d'amour*, Paris, Denoël, coll. « Folio », 1983, p. 11.

appartiennent à la même chaîne signifiante. Il s'agit du visage de Margaret « fermé aux yeux, fermé à la bouche, et tellement immobile ![340] » ; et « clos » enfin[341]. En fait, les termes clos et fermé renforcent cette idée d'inaccessibilité et laissent présager la mort surtout que l'adjectif « immobile » les accompagne. Ensuite, une partie du visage est évoquée, il s'agit du « front lisse et dur, devenu mur infranchissable[342] ». L'image du corps est prédominante, cependant, ce n'est pas le corps qui est censé garantir la jouissance, car il s'agit d'une jouissance au-delà du corps devant laquelle le corps est un obstacle. Dans son séminaire, *L'éthique de la psychanalyse*, Lacan avance que le problème de la jouissance est qu'elle « se présente comme enfouie dans un champ central [...] cerné d'une barrière qui en rend l'accès au sujet plus que difficile[343] », voire impossible. Quelle est la fonction de cette barrière sinon de protéger le sujet d'une jouissance

---

[340] Antoinette Peské, *La Boîte en os, op. cit.*, p. 97.

[341] *Ibid.*, p. 98.

[342] *Idem.*

[343] Jacques Lacan, *Le Séminaire, Livre VII, L'éthique de la psychanalyse, op. cit.*, p. 345.

destructrice ? Lacan, en ce sens, soutient que c'est le désir lui-même qui constitue la barrière devant la jouissance : « Le désir est précisément la barrière qui vous maintient à la distance plus ou moins justement calculée de ce foyer brûlant, de ce qui est essentiellement à éviter pour le sujet pensant, qui s'appelle la jouissance[344] ». Le récit de Peské progresse vers la transgression de cette barrière, la transgression de la loi du désir et du symbolique qui rend la Jouissance interdite et non seulement inaccessible[345]. Ainsi, la tête de Margaret est-elle une porte barrée qu'il va falloir défoncer — le mot « front », d'ailleurs, réintroduit incessamment l'idée de la frontière, celle que représente le corps, la tête, et enfin le crâne qui à la fois contient et barre l'accès à l'objet désiré : « Je touchai son front. La fraicheur nocturne le faisait de pierre. J'heurtai du

---

[344] Jacques Lacan, *Le Séminaire, Livre XIII, L'objet de la psychanalyse*, *op. cit.*, séance du 23 mars 1966.

[345] Dans « Les lois du désir » de Silvia Lippi, une distinction est faite entre la " petite loi " et la " grande Loi ". La petite loi interdit la jouissance de la mère et impose au sujet de ne pas dépasser la barrière du principe du plaisir, c'est elle qui commande l'ordre symbolique et impose une limite au désir. Toutefois, la grande Loi (la Loi de l'Autre) est la Loi de la Chose, qui fait déborder le désir et impose une jouissance infinie. (Silvia Lippi, « Les lois du désir », *op. cit.*, p. 215.) Notons qu'on rejoint ici la thèse de Lacan dans « Kant avec Sade » dans Jacques Lacan, « Kant avec Sade », *Écrits*, Paris, Le Seuil, 1966.

doigt ce front, et j'étais anxieux comme derrière une porte que l'on n'a jamais vu s'ouvrir... [346] » Les points de suspension laissent présager un drame qui se prépare d'autant plus que le front de Margaret est comme une pierre, métaphore de la pétrification et de la mort. L'idée de la mort est aussi présente dans un passage qui reprend la même image du visage fermé que nous venons d'évoquer : « les paupières abaissées [...] les lèvres collées l'une à l'autre, et ce front comme un caillou poli[347] ». Dans ce passage, le caillou fait écho à la pierre, alors qu'il brille comme s'il devait renvoyer à l'éclat de l'objet. Le front est ailleurs comparé à un coffre que l'on voudrait forcer, ouvrir, fendre : « ce front impertinent qui me provoquait depuis trop longtemps et que je désirais fendre d'un coup de hache[348] ». Nous sommes encore une fois sur le registre de l'abjection et de la violence. C'est une dégradation totale : « cette barrière de deux pouces de large, cette *chose minuscule* que je pouvais tenir dans la main, osait s'opposer à

---

[346] Antoinette Peské, *La Boîte en os*, *op. cit.*, p. 103.

[347] *Idem.*

[348] *Ibid.*, p. 104.

moi, me narguer… C'en était trop ! [349] » L'être aimé est chosifié, nié. Le texte a recours à des verbes appartenant à la même classe sémantique « s'opposer » et « narguer » et aux points de suspension qui suggèrent un tremblement narratif face à l'inévitable passage à l'acte (ou face à l'horreur de l'acte commis). L'auteure va jusqu'au bout, franchissant les limites du possible. Tel que nous l'avons mentionné ci-dessus, il y a disjonction entre le corps et la Jouissance interdite. Castanet signale que, selon l'approche lacanienne de la perversion, un sujet pervers dément cette disjonction entre corps et Jouissance et tente alors de l'annuler[350]. Le pervers est assujetti à la Loi de la Chose qui commande une jouissance illimitée. Ceci expliquerait, en quelque sorte, ce que le récit suggère.

Dix ans après le coup de hache et l'internement de John, ce dernier est déclaré guéri de sa folie et libéré. Margaret étant toujours vivante, il retourne la voir de loin, tout en se cachant dans le jardin. Le premier élément que le texte évoque à propos du paysage est l'objet qui se manifeste dans l'éclat de

---

[349] *Idem.* Nous soulignons.
[350] Hervé Castanet, *La perversion, op. cit.*, p. 74-75.

la « lumière blanche », l'allusion qu'évoquent les « senteurs »,
les « arômes des fleurs » et les « odeurs »[351]. Le tout est « si
fort, si pénétrant, si plein de sensualités secrètes[352] », dit John.
Nous rappelons que l'objet a toujours été idéalisé par-dessus-
tout. Même après tant d'années, l'objet demeure inchangé. Le
texte nous présente toujours l'aspiration à la Jouissance sans
freins ; d'où le recours au terme « luxure » : « plus encore
qu'un besoin de luxure, c'était un besoin de viol qui
m'exaspérait. Violer n'importe qui, n'importe quoi, mais
commettre un acte de brutalité ![353] » Certes, comme nous
l'avons démontré, l'acte sexuel ne procure pas cette jouissance
espérée, mais c'est aussi parce que la jouissance se retire
toujours plus loin derrière la surface du corps qu'elle suscite
un désir de transgression, une pulsion de destruction ou une
volonté de mordre : « je mordis à pleines dents dans [la] chair
tiède [d'une rose], m'imaginant mordre dans celle de
Margaret. Je fus momentanément soulagé[354] ». Satisfaction

---

[351] Antoinette Peské, *La Boîte en os, op. cit.*, p. 110.

[352] *Idem.*

[353] *Idem.*

[354] *Ibid.*, p. 111. Nous soulignons.

toujours temporaire qui ne fait qu'éterniser le sentiment du manque.

Après la mort de Margaret, le récit continue dans le même sens, mettant en relief la recherche de l'objet : « la soulevant à moitié, il se mit à la secouer vivement, comme on agit parfois avec une montre qui s'est arrêtée [355] ». Margaret est de nouveau chosifiée, sa vie qui a pris fin est comparée à l'arrêt d'une machine. Que peut-il espérer ? Peut-être, pouvoir accéder à quelque chose qui chutera du cadavre, l'objet ? Probablement, mais il s'agit aussi d'un acte pervers qui, plus loin, vise à manger, jouir d'un corps « paquet de viande », c'est la jouissance qui est visée : le narrateur rapporte ces paroles à lui adressées : « Et tu voudrais que, subitement, elle soit devenue un *paquet de viande*, pour toi bonne à jeter, pour moi bonne à manger… Car s'il en étais (sic) ainsi, sûrement je la mangerais ![356] » L'être aimé est comparé à un paquet de viande, quelle dégradation ! C'est le déni de l'autre. On dirait que le vrai deuil ici est celui de l'objet et non de la femme

---

[355] *Ibid.*, p. 136.

[356] *Ibid.*, p. 137. Nous soulignons.

aimée. Dans *Deuil et mélancolie*, Freud avance que le deuil de l'objet peut prendre la forme d'une rébellion intense qui « conduit à se détourner de la réalité et à maintenir l'objet au moyen d'une psychose hallucinatoire de désir[357] ». Il semble que le roman progresse dans ce sens, notamment lorsque, tout de suite après le deuil, on illustre un changement d'humeur soudain chez John : « il paraissait presque heureux depuis un moment et je ne savais à quoi attribuer ce changement inattendu [358] ». Quand le lien avec la réalité est rompu, l'épreuve est mise de côté. Nous façonnons un monde à notre guise, et voilà que l'objet existe toujours, il n'est pas perdu ; il apparaît à nouveau sous le signe d'un nouvel éclat, d'un « halo », qui est un nouveau leurre de l'objet : « Elle est là, je la vois ! Et il esquissa un geste dans la direction du plafond

---

[357] Dans *Métapsychologie*, on trouve la définition de la psychose de désir, l'*amentia*, comme étant la réaction à une perte affirmée par la réalité, mais qui doit être déniée par le moi parce qu'elle est insupportable. Là-dessus, le moi rompt la relation à la réalité. Avec cet abandon de la réalité, l'épreuve du réel est mise de côté, les fantasmes de désirs peuvent pénétrer en force dans le système et sont admis comme une réalité meilleure. (Voir Sigmund Freud, *Métapsychologie*, *op. cit.*, p. 207 et 214.)

[358] Antoinette Peské, *La Boîte en os*, *op. cit.*, p. 139.

sur lequel la lampe avait dessiné son halo[359] ». C'est pourquoi au moment de la nécropsie, le récit dépeint un John totalement détaché, voire *désaffecté*, à la vue de la cervelle de Margaret : « Le regard de [John] Mac Corjeag paraissait *tranquille* et – fait extraordinaire – ses yeux étaient presque *clairs* ! Je ne les avais vus ainsi que devant les choses auxquelles ils prenaient *peu d'intérêt*[360] ». Une fois de plus, le récit distingue le corps que l'on voit — depuis longtemps cadavre, au fond — et les saillances visuelles de l'objet que le regard cherche à attraper au-delà du corps, dans un halo.

Vers la perversion

Le texte continue d'ailleurs à développer cette dynamique hallucinatoire et ce détournement de la réalité. Tout devient brouillé, l'écriture présente une confusion mortifère entre imaginaire, symbolique et réel. John sombre dans une folie totale : se promenant nu dans le jardin, il confond Norbert avec Margaret et essaie de l'étreindre : « Enfin toi ! Ma

---

[359] *Idem.*

[360] *Ibid.*, p. 143. Nous soulignons.

douce… ma belle… Viens tout contre moi et ne m'échappe plus[361] ». Les points de suspension se multiplient nous incitant à anticiper le pire : « C'est ton John, ma chérie, ton John qui t'adore… [362] » Hallucinations, délire, déni de la réalité. Nous avons déjà mentionné, dans le chapitre précédent, que John se promenait nu tout en se vantant de la puissance de son pénis ; phallus imaginaire destiné à nier ainsi la castration symbolique. Cet objet imaginaire devient le garant du pouvoir contre la castration qui inspire le sentiment de la perte ou de la coupure, voire de la finitude humaine : « Et pourquoi le cacher ? Ce merveilleux instrument, cette clé de l'Éternité[363] ». Comme on le sait, le phallus est un représentant du désir, personne ne l'a et quiconque prétend l'avoir, ne s'en sort pas indemne. Le texte nous confronte à une volonté de renverser la réalité, de créer une nouvelle réalité qui ne connait pas le manque, dynamique typique de la structure perverse. Cela prend la forme d'un défi lancé à Dieu et à la

---

[361] *Ibid.*, p. 150.

[362] *Ibid.*, p. 151.

[363] *Ibid.*, p. 154.

mort, d'une folie d'emprise ; dans le sens où il arrive que l'emprise, comme le dit Paul Denis, se soutient d'« un contenu fantasmatique de blasphème, de volonté de renversement de l'ordre divin[364] ». Dans *La Boîte en os*, nous lisons ce qui suit : « Mon règne n'aura pas de fin. Ha-ha-ha-ha, je crée l'Immortalité […] je peux me mesurer avec Dieu et le déloger de son trône[365] ». Dans la folie d'emprise, pour revenir à Paul Denis, « le basculement de toute l'économie psychique dans le système d'emprise réaliserait […] une sorte de " disparition du monde en tant que réalité extérieure ", de ce monde agresseur qui refuse de dispenser la satisfaction[366] ». Il semble que le récit va dans ce sens : « J'ai la même amante que Dieu. Je la lui ai dérobée […] te voilà puni, grand châtré, jaloux du bonheur des hommes, qui leur prends leurs maîtresses et ne peux même pas les contenter[367] ».

---

[364] Paul Denis, « Emprise et destruction », *Emprise et satisfaction : les deux formants de la pulsion*, Paris, Presses Universitaires de France, coll. « Le fil rouge », 2002, p. 122.

[365] Antoinette Peské, *La Boîte en os, op. cit.*, p. 154-155.

[366] Paul Denis, « Emprise et destruction », *op. cit.*, p. 124.

[367] Antoinette Peské, *La Boîte en os, op. cit.*, p. 153.

Il est clair que cette quête de possession absolue de l'objet conduit John à la folie, voire à la perversion. Sur le sens du mot « perversion », dans son contexte moral, nous lisons dans le dictionnaire de la psychanalyse : « le terme, fort ancien, de *perversion*, signifiant " renversement ", suggère d'emblée la notion d'une norme morale ou de la nature, dont le pervers s'écarterait[368] ». Cette définition ne tient pas compte du désir sexuel. Effectivement, l'acte pervers est une sorte de renversement de la réalité, il fait de la réalité quelque chose qu'on peut modifier et dont on peut se servir pour sa jouissance. Il est difficile de donner une définition précise et unanime du concept de perversion. Dans *Confession et perversion*, Nathalie Kok fait état de trois tendances majeures :

> **De nombreux auteurs [...] à l'instar du Freud de 1905, parlent de perversion pour indiquer un plaisir auto-érotique et polymorphe. D'autres en revanche continuent à réserver le terme de " perversion " pour une déviation sexuelle [...] Le troisième groupe d'auteurs [...] estiment que, dans son fondement, la perversion n'a rien à voir avec la sexualité ni avec le corps ; le noyau de la perversion serait " autre chose ",**

---

[368] Roland Chemama et Bernard Vandermersch, *Dictionnaire de la psychanalyse*, *op. cit.*, p. 426. L'auteur souligne.

un détournement de l'ordre symbolique, par exemple[369].

Dans *La Boîte en os*, il s'agit d'un détournement du symbolique, la relation objectale s'est fixée sur le plan imaginaire : « La dimension imaginaire apparait donc prévalente chaque fois qu'il s'agit d'une perversion », dit Lacan, « le moule de la perversion [...] la valorisation de l'image »[370]. Ainsi, il serait légitime d'avancer que le récit suggère une perversion ; ou plutôt, que le personnage de John suit la courbe de la perversion. En ce sens, nous dirons que le fantasme à l'intérieur duquel il évolue est indissociable d'un imaginaire essentiellement pervers : maîtrise de l'objet, désir d'incorporation, déni de la division, dépréciation du partenaire, passage à l'acte constitutif d'un déni de l'Autre symbolique, exhibition du pénis et renversement de la réalité. La perversion ne tarde pas d'ailleurs à culminer dans la nécrophilie ; quand le désir insatiable de posséder l'autre culmine dans un acte hideux :

---

[369] Nathalie Kok, *Confession et perversion*, *op. cit*, p. 43-44.

[370] Jacques Lacan, *Le Séminaire, Livre IV, La relation d'objet*, *op. cit.*, p. 120.

La morte, c'est elle qui est ma douce amie, ma chère maîtresse [...] Aucun de vous n'a possédé pareille femme [...] Je fais l'amour. L'amour... comme c'est bon !... Elle avait les cuisses froides, mais si douces à toucher... [...] Ah ! Je veux jouir encore[371]...

La description suit un rythme ascendant, une certaine gradation de l'excès susceptible de choquer le lecteur. L'écriture envisage l'impossible. Face à ce spectacle intolérable, à l'outrance, la narration se heurte aux limites du récit, d'où le recours aux points d'exclamation et de suspension. John veut une jouissance immédiate qui met fin au désir, ce qui contredit l'ordre de la loi qu'introduit la castration symbolique et qui interdit une jouissance totale. La castration « introduit au désir [...] mais elle marque à priori la jouissance absolue comme impossible[372] ». La perversion est le déni de la castration, c'est son mode de traitement du manque.

[L]e pervers n'écarte pas l'idée d'une loi, mais se fait le porte-parole d'une *autre loi*, laquelle, indépendante du désir et de la parole de l'Autre,

---

[371] Antoinette Peské, *La Boîte en os*, *op. cit.*, p. 153-154.

[372] Alain Juranville, *Lacan et la philosophie*, *op. cit.*, p. 196.

> serait plus vraie que la loi du père parce que (sic) inscrite dans la nature des choses même [...] Le pervers se réfère à l'ordre naturel qui ne connait pas d'interdits mais uniquement la satisfaction des instincts, soit l'accomplissement d'une jouissance[373].

Évidemment, dans *La Boîte en os*, c'est de la grande Loi (la Loi de l'Autre) qu'il est question, c'est la jouissance infinie qui est visée.

La perversion serait un moyen détourné de réaliser la fusion souhaitée, de satisfaire l'exigence pulsionnelle à travers la transgression. Selon Castanet, le pervers croit à « la conjugaison tant attendue de la jouissance et du corps. Il n'aura de cesse de tenter de réaliser ce possible du rapport sexuel entre l'Un et l'Autre [374] ». Nous avons observé la jubilation éprouvée par John à la suite de l'acte pervers, illustrée par les interjections : « comme c'est bon ! ... », « Ah ! Je veux jouir encore... » On dirait alors que la jouissance est atteinte. En fait, les trous du texte peuvent toujours suggérer

---

[373] Nathalie Kok, *Confession et perversion*, *op. cit.*, p. 118-119. L'auteur souligne.

[374] Hervé Castanet, *La perversion*, *op. cit.*, p. 74.

la jouissance, mais ils sont en même temps le signe que certaines choses sont impossibles à dire[375]. Nous nous référons à Lacan pour l'explication de la satisfaction procurée par l'acte pervers :

> **La perversion a en effet la propriété de réaliser un mode d'accès à cet au-delà de l'image de l'autre [...] Mais elle ne le réalise que dans des moments comme en produisent toujours les paroxysmes des perversions [...] On observe une convergence ou une montée vers le moment qui peut être significativement qualifié de passage à l'acte. Pendant ce passage à l'acte, quelque chose est réalisé, qui est fusion, et accès à cet au-delà [...] Une telle unité est réalisée à certains moments de la perversion, mais le propre de la perversion est précisément que cette unité ne peut jamais être réalisée que dans des moments qui ne sont pas ordonnés symboliquement[376].**

Ainsi, l'écriture nous confronte à une transgression de la limite — de celle qui fonde le symbolique — à travers la profanation de la tombe et la jouissance nécrophile. Ce en quoi la transgression marque par le fait même une confusion

---

[375] Nathalie Kok, *Confession et perversion*, op. cit., p. 283-284.

[376] Jacques Lacan, *Le Séminaire, Livre IV, La relation d'objet*, op. cit., p. 85.

mortifère entre réel et symbolique. En outre, dans certains cas, l'objet est plus satisfaisant quand il est inanimé, ainsi le sujet n'aura pas de déception de sa part[377]. Évidemment, dans la perversion nécrophile, non seulement l'objet est immobile, mais il est facile à maitriser car il ne peut pas se dérober.

Échec de l'amour courtois

Ainsi, *La Boîte en os* marque l'échec de l'amour courtois en tant que technique spirituelle, donc, l'échec de la sublimation. Si l'amour courtois repose sur l'*idéalisation du manque*, la perversion joue plutôt sur le *déni du manque*, l'idéalisation de l'objet et la maîtrise de la jouissance. Comme le dit Lacan, c'est « la restauration du *a* au champ du A[378] ». C'est la perversion de l'amour en général et de l'amour courtois en particulier. Dans l'amour courtois, « ce que l'amour convoite, c'est un gain, un plus-de-jouir qui ne doit rien au phallus [...] la Dame est désirée au-delà du bien que sa possession est censée prodiguer [...] Ce n'est plus la satisfaction qui est visée mais

---

[377] *Idem.*

[378] Jacques Lacan, *Le Séminaire, Livre XVI, D'un autre à l'autre, op. cit.*, p. 291.

son au-delà [379] ». En ce sens, l'amour courtois repose essentiellement sur un renoncement : « la Dame aimée n'aime pas forcément son chantre, et le troubadour de son côté n'aspire pas à la posséder mais mesure la valeur de son amour au degré de sa frustration[380] ». Or, dans la nécrophilie, l'amour de l'être aimé est déplacé, dénaturé par la perversion qui ravale l'être aimé au rang d'objet ; l'être aimé n'est qu'une chose inerte que l'on peut posséder et dont on peut jouir, tel que l'illustre le récit de Peské. Dans l'amour courtois, « la cause du désir se trouve déplacée "dans" la Dame qui devient ce dont l'accès appelle la médiation d'un espace de jeu destiné à garantir la marge nécessaire à la relance indéfinie du désir[381] ». Dans la perversion, comme nous l'avons vu, il s'agit de l'image de l'objet valorisé et non pas de l'être, de la dégradation de l'autre et de la mort du désir. En ce sens, Hervé Castanet explique :

En substituant l'objet *a*, condensateur de jouissance (perdue), à l'Autre castré (vidé de jouissance) [...] le

---

[379] Jean-Michel Vivès, « L'amour courtois entre fauteuil et divan », *loc. cit.*, p. 15.

[380] Julia Kristeva, *Histoires d'amour*, *op. cit.*, p. 192.

[381] Jean-Michel Vivès, « L'amour courtois entre fauteuil et divan », *loc. cit.*, p. 15.

> pervers ravale, dégrade la relation symbolique, qui le fait sujet de la loi et du désir, à sa dimension duelle, en miroir, purement imaginaire. À défaut d'atteindre l'Autre, il s'acharnera sur l'autre, son partenaire *alter ego*, pour tenter de lui extorquer ce que seul l'Autre, s'il existait, lui livrerait : la jouissance[382].

L'amour courtois, pour Lacan, « c'est-à-dire l'amour où l'objet s'absentifie comme pourvoyeur de jouissance, peut, *in fine*, se repérer comme l'intersection entre l'amour et le désir[383] ». Dans la perversion, c'est la jouissance à tout prix qui est visée et qui prend le dessus sur l'amour et le désir ; tandis que l'amour courtois vise un au-delà « où il renonce à son objet[384] » ; et où la jouissance phallique n'est pas considérée comme fin. Dans *La Boîte en os*, John est totalement accroché à l'objet « c'est ça que j'aurai aimé …jusqu'à la folie ![385] ». Il est l'esclave de la jouissance phallique : « Ah ! je veux jouir

---

[382] Hervé Castanet, *La perversion*, *op. cit.*, p. 76. L'auteur souligne.

[383] Jean-Michel Vivès, « L'amour courtois entre fauteuil et divan », *loc. cit.*, p. 12.

[384] Jacques Lacan, *Le Séminaire, Livre XI, les quatre concepts fondamentaux de la psychanalyse*, *op. cit.*, p. 247.

[385] Antoinette Peské, *La Boîte en os*, *op. cit.*, p. 145.

encore … Regarde comme mon sexe est beau[386] », élevant son pénis à la dignité du phallus.

Dans l'amour courtois, on ne peut pas chanter la Dame « sans le présupposé d'une barrière qui l'entoure et l'isole » ; cependant, « cette Dame [...] se présente avec des caractères dépersonnalisés, si bien que des auteurs ont pu remarquer que tous semblent s'adresser à la même personne » ; signe, dit Lacan, que la personne n'a plus d'individualité ni d'existence en propre, mais que la Dame à qui l'on s'adresse est « transformée en une fonction symbolique »[387]. Le pervers, lui, ne s'accommode pas de la fonction symbolique, mais vise plutôt à maintenir la Dame au rang d'objet. L'amour courtois n'est pas étranger à la perversion puisque le pervers refuse le corps. La perversion se confirme ici comme un idéalisme qui ne cesse de forcer en imagination un réel impossible. Selon Kristeva, « peu importe que la Dame existe réellement ou non, qu'il l'ait possédée ou seulement contemplée

---

[386] *Ibid.*, p. 154.

[387] Jacques Lacan, *Le Séminaire, Livre VII, L'éthique de la psychanalyse, op. cit.*, p. 248.

mélancoliquement : il jouit de parler une unité-union rêvée, réelle, impossible-imaginaire[388] ». Dans *La Boîte en os*, l'objectif pervers est de lever les barrières qui empêchent l'accès à l'objet, pour pouvoir le posséder et en jouir. Tel que nous l'avons vu, le récit répète le terme « barrière » comme un leitmotiv et le héros ne cesse justement de transgresser toutes les barrières y compris celle de la mort. En outre, l'objet ici n'est pas symbolique, mais semble tout imaginaire ; comme si la dimension symbolique n'existait pas : « Le pervers n'aura de cesse d'ôter la barre sur l'Autre – soit d'annuler que le corps, en tant qu'il symbolise l'Autre, puisse être " aperçu comme séparé de la jouissance "[389] ». Il échouera, bien-sûr, car corps et jouissance ne peuvent pas se conjoindre[390]. De là, la transgression de l'ordre symbolique est répétée au moment où John profane à nouveau la tombe de l'aimée, dans une autre tentative perverse de ne faire plus qu'*Un* avec elle. John s'est cru capable de posséder l'âme de Margaret : « Et ton âme

---

[388] Julia Kristeva, *Histoires d'amour, op. cit.*, p. 237.

[389] Hervé Castanet, *La perversion, op. cit.*, p. 100.

[390] *Ibid.*, p. 75.

je ne l'aurai que lorsque ta chair aura pourri[391] », réduisant ainsi l'âme de sa femme à un objet qu'on peut posséder après la dissolution de son corps ; ce qui lui a coûté sa vie.

L'amour courtois prônerait une jouissance au-delà du phallus, tandis que ce dernier est « le centre autour de quoi va s'organiser toute la construction du pervers[392] ». Dans la perversion, en effet, on alterne entre *avoir le phallus* : « mon sexe est beau et grand[393] » et *être le phallus* : « Je crée l'Immortalité, j'enfante l'Immortalité[394] ». En s'identifiant au phallus, le pervers se fait éternel : « Mon règne n'aura pas de fin[395] », alors même que cette éternité n'est jamais que fantasmatique, imaginée dans la solitude du fantasme. Qu'il le soit ou qu'il l'ait, il s'en sert comme d'un instrument capable de garantir un pouvoir absolu, un rêve d'éternité, à travers la nécrophilie, parant ainsi à l'horreur du manque de

---

[391] Antoinette Peské, *La Boîte en os*, *op. cit.*, p. 159.

[392] Jacques Lacan, *Le Séminaire, Livre VI, Le désir et son interprétation*, *op. cit.*, p. 550.

[393] Antoinette Peské, *La Boîte en os*, *op. cit.*, p. 154.

[394] *Ibid.*, p. 155.

[395] *Ibid.*, p. 154-155.

l'Autre. En plus, l'objet que le pervers « traque avec persévérance est un objet au cœur de l'Autre[396] », tandis que, l'objet, dans l'amour courtois, se situe dans un au-delà où il ne peut être atteint ; quand c'est justement cette inaccessibilité qui en fait sa valeur. Cependant, force est de mentionner que le phallus, dans la psychanalyse lacanienne, n'est pas à confondre avec l'objet. Le phallus est signifiant du désir, donc, il se pose au niveau du symbolique, il n'appartient pas au registre de l'image, ni du corps. Dans la perversion, cette distinction est brouillée car le pervers maintient que le phallus garantit la jouissance.

Sauver l'amour ?

Reste à savoir si le dernier récit du jeune couple amoureux, John le petit fils de John Mac Corjeag et Lucie la petite fille du narrateur, constitue une tentative désespérée de surmonter l'échec de l'amour courtois à embrasser l'au-delà du corps. Il est évident que *La Boîte en os* présente une version dénaturée et méprisante, voire aberrante de l'amour. Les seules

---

[396] Jacques Lacan, *Le Séminaire, Livre VI, Le désir et son interprétation, op. cit.*, p. 551.

exceptions à cette image seraient Margaret et le jeune couple qui visent un au-delà dans l'amour, un au-delà du corps. Léguant son cerveau au laboratoire d'anthropologie après sa mort, Margaret a renoncé à sa « boîte en os » où John pensait trouver l'objet chéri, inlassablement traqué en elle, suggérant peut-être que, finalement, ce n'est pas ce qui devrait compter dans l'amour : « je ne veux pas être enterrée avec cette chose qui fait tant souffrir dans la vie et doit continuer à faire souffrir dans la mort[397] ». Margaret s'est dirigée vers un amour au-delà des limites du terrestre : « Il est dans l'autre monde et il m'y appelle[398] ». S'ensuit l'expérience du jeune couple John et Lucie qui transcende les amours terrestres. Observons ces paroles de Lucie : « Je l'aime […] et je sens que rien ne pourra m'arrêter… [399] », la phrase se termine par des points de suspension, pourtant, on peut facilement y voir le signe de la mort désirée ; quand la mort ne met pas fin à l'amour. En fait, c'est ce qu'affirme John plus loin : « Je l'aime

---

[397] Antoinette Peské, *La Boîte en os*, *op. cit.*, p. 128.

[398] *Ibid.*, p. 130.

[399] *Ibid.*, p. 202.

tant que je la tuerai pour qu'elle soit à moi dans le pays des morts, puisque tu ne veux pas me l'accorder dans le pays de vie des vivants [400] ». Ni barrière ni empêchement, non seulement la mort ne fait pas obstacle à la possession de l'être aimé, mais semble au contraire la garantir sous une forme absolue et éternelle à laquelle on ne peut pas se soustraire. Dans cette expérience, nous trouvons les traces de la conception paradoxale du pur amour, en tant que « goût de la mort où pourrait se réaliser la vie ? […] la possibilité de l'impossible ? Secret désir d'enfin blesser l'objet de l'amour et de l'entrainer avec soi dans la mort ultime dont il a lui-même tendu le désir[401] ? » Ils se rejoignent, effectivement, dans la mort, et le roman se termine sur l'image de deux « âmes délivrées de leurs chaînes » : « Nos âmes délivrées de leurs chaines se sont mêlées[402] ». Le terme chaîne suggère l'image du corps. Or, cette dernière image semble s'inscrire plutôt, cette fois-ci, à l'intérieur d'un imaginaire courtois.

---

[400] *Ibid.*, p. 204.

[401] Jacques Le Brun, *Le pur amour de Platon à Lacan, op. cit.*, p. 342.

[402] Antoinette Peské, *La Boîte en os, op. cit.*, p. 207.

Rougemont avance que « le vrai roman courtois débouchait dans la mort, s'évanouissait dans une exaltation au-delà du monde » ; et que, dans ce contexte, « l'accomplissement de l'Amour nie tout amour terrestre. Et son bonheur nie tout bonheur terrestre »[403]. La fin du roman de Peské rejoindrait dès lors la mystique chrétienne en tant que reformulation du fantasme d'union des âmes dans l'au-delà ; union dont on rêve loin d'un réel qui nous sépare. Faut-il conclure que le roman s'achève malgré tout sur l'oubli de la *perversion de l'amour* qui règne dans le roman ? Modération ou déni des violences du fantasme et du chemin qu'il a fallu parcourir pour arriver à une fin heureuse ; faussement courtoise, en fin de compte. Quoi qu'il en soit, en supposant que le dernier récit en entier se donne à nous comme une pure construction de l'imagination du narrateur, la fin du roman reste énigmatique. L'écriture nous laisse face à un indécidable et le mystère perdure.

---

[403] D. de Rougemont, *L'Amour et l'Occident*, *op. cit.*, p. 165, 53.

Le roman se termine, enfin, sur une citation mystérieuse qui semble décalée, isolée de l'ensemble par des guillemets, comme si la citation elle-même était en retrait du discours extatique de Lucie. N'est-ce pas plutôt Peské qui intervient pour clore son roman : « Que sont *auprès de nos amours* les plus belles amours de la terre ? Des joyaux dans des boîtes en os, dont seul le Seigneur a la clef.[404] » Dans la première phrase, la mise en exergue de l'expression « auprès de nos amours » donnerait la supériorité à cette figure de l'amour courtois, ou de l'amour pur, en tant qu'il est un amour éternel plus fort que la mort. Dans la deuxième phrase, *nos amours* sont comparés à des joyaux précieux et brillants, à côté desquels les « amours de la terre » sont peu de choses. Or, les joyaux de *nos amours* correspondent aux objets idéalisés, inaccessibles lesquels ne sont pas de ce monde (dont seul le Seigneur a la clef). Est-ce vraiment l'intention de Peské de se tourner vers un amour infini, irréalisable sur terre, ou rêvait-elle de l'excès, de la démesure d'une passion aberrante ? Nous ne le saurons jamais. En tant qu'écriture de l'impossible — de la « passion

---

[404] Antoinette Peské, *La Boîte en os*, *op. cit.*, p. 207. Nous soulignons.

de l'impossible [405] », pour reprendre l'expression de Dominique Rabaté — le roman perpétue son mystère. S'il n'y a pas de réponses concluantes, puisque le récit nous oblige à regarder l'un et l'autre — soit la perversion de l'amour et l'idéalisation de l'amour ; la passion de l'impossible où le désir s'abîme et l'impossible amour qui est aussi une célébration du désir — force est de constater que l'œuvre de Peské ne se referme pas sur une seule vision de l'amour. La première serait une vision perverse de l'amour qui ne se détache pas de la jouissance de l'objet, qu'il s'agit d'atteindre et de posséder ; vision où le symbolique est en défaut. La deuxième serait la vision sublimée, au-delà de l'objet, où seul le symbolique règne, parce qu'il garantit la perpétuation du désir, tout en évitant les leurres de l'imaginaire. Dans les deux cas, le nouage des registres n'est pas équilibré ; ce qui expliquerait cette imbrication de l'amour et de la folie : « Saura-t-on jamais où commencent l'amour et la folie[406] ! », écrit-elle dans *La Boîte en os*. Ainsi, tel que le mentionne

---

[405] Voir Dominique Rabaté, *La passion de l'impossible : une histoire du récit au XXe siècle*.

[406] Antoinette Peské, *La Boîte en os*, *op. cit.*, p. 100.

Cantonnet : « Les folies d'amour sont autant de vicissitudes d'un nouage dans lequel un des registres est prévalant, portant son ombre sur les autres. Il en est ainsi de l'amour passion menant ses sujets à la mort, dans lequel le registre imaginaire ne laisse plus de consistance aux deux autres[407] » ; nous avons pu observer cette prévalence de l'imaginaire dans le roman de Peské. « Il en est ainsi de l'amour fou dans lequel un sujet forclos le Réel de l'impossible du rapport sexuel en ayant la certitude que la rencontre de l'autre fera rapport[408] » ; comme l'écrit Peské, John pensait que « l'amour permettait l'union la plus complète des âmes et des cœurs, union que ne pouvait réaliser à elle seule l'amitié[409] ». Ajoutons que ce roman est plus que le récit d'un amour fou ; puisque la logique de la perversion, l'imaginaire hideux qu'elle soutient et qui la soutient, traverse tout le roman.

---

[407] Laurent Cantonnet, « L'amour : aspects cliniques et psychopathologiques », *op. cit.*, p. 334.

[408] *Idem.*

[409] Antoinette Peské, *La Boîte en os, op. cit.*, p. 72.

CONCLUSION

En fin de compte, n'est-ce pas la mort elle-même qui est l'objet du désir ? Dans l'optique de *Hurlevent*, dont nous avons parlé, mais aussi du point de vue du romantisme noir de Peské, les amants semblent considérer la mort comme le seul accomplissement possible de la passion amoureuse. Or, l'idée d'un *amour à mort* est aussi le sujet de la littérature courtoise où « seule la mort pouvait servir de terme à cette passion [...] d'absolu, en marge de toutes les conventions humaines [410] ». Ainsi, la mort hante, quoique de façon différente, l'imaginaire des trois romans, où le désir se trouve lié à la pulsion de mort. Ce lien est évident dans *Hurlevent* et *Que cherches-tu ?* à travers les personnages de Catherine, Heathcliff et Edward O'Perk. Pour ce qui est de *La Boîte en os*, Peské est allée plus loin, dans l'optique du néo-romantisme noir, en ajoutant la dimension de la perversion qui rend le roman à la fois plus sombre, plus inconfortable, plus malséant, mais aussi plus complexe. Nous pourrons toujours relever une pulsion de mort dans l'aspiration de Margaret et du jeune couple à la mort. Cependant, le roman s'inscrit dans une perspective perverse dans son rapport à la mort.

---

[410] André Lagarde et Laurent Michard, « La littérature courtoise », *op. cit.*, p. 54.

L'aspiration de John à une Jouissance infinie, ne relève-t-elle pas d'un désir inconscient de mort, étant donné que la mort contient imaginairement la promesse d'une autre jouissance ? Tel qu'on a pu le démontrer, John est soumis à la grande Loi, la Loi de l'Autre qui impose à ses sujets de « pousser à l'extrême leur désir » jusqu'à la mort, « la leur ou celle de l'autre » ; ce qui fait de la mort « un désir et non une conséquence »[411].

Toutefois, en regardant de plus près *La Boîte en os*, force est de constater que Peské donne un tour de plus à tout ce qui a été dit sur l'hypothèse de la mort comme objet du désir. Ne peut-on pas remarquer que le jeune couple du dernier récit fantasmatique adopte lui aussi cette dynamique perverse quant à la mort et qu'il est assujetti à la grande Loi ? John et Lucie n'ont-ils pas poussé à l'extrême leur désir qui les a conduits à la mort, faute de pouvoir s'unir sur terre ? La façon dont les deux sont morts est bizarre : après voir prononcé les mots « je te la prendrai[412] ! » John a tout bonnement *fondu* et

---

[411] Silvia Lippi, « Les lois du désir », *op. cit.*, p. 219.
[412] Antoinette Peské, *La Boîte en os*, *op. cit.*, p. 204.

est tombé inerte. Quelques minutes plus tard, Lucie le rejoint après avoir dit : « C'est curieux, je suis lasse[413] ». N'ont-ils pas satisfait leur désir en franchissant la limite de la vie, embrassant ainsi la promesse d'une autre jouissance ? La fin du roman ne s'apparenterait pas alors à une vraie figure de l'amour courtois, et ne serait pas la moins perverse. Tel que déjà soulevé dans la dernière phrase du roman, « nos amours » sont comparés aux objets idéalisés et scintillants que renferment nos boîtes en os. Cette comparaison nous permet de douter des vraies intentions de l'auteure. Il ne s'agirait pas ainsi d'un déni ou d'une modération de la perversion exposée tout le long du roman, mais d'une continuité sous une autre forme plus ou moins dissimulée. Avec une fin aussi déroutante par rapport à l'intégralité du roman, il s'avère impossible de déchiffrer le message de l'auteure. Nous ne sommes pas proches du dénouement heureux et apaisant auquel on voudrait nous faire croire ; au contraire,

---

[413] *Ibid.*, p. 205.

l'ambiguïté règne et les rapports de tension sont de nouveau transformés.

Ainsi, il ne serait pas question de deux visions contradictoires de l'amour : la fin est faussement courtoise, parce qu'on ne saurait croire, à la lecture du roman, à l'éloge du pur amour éternel et de la fusion des âmes dans la mort. Au contraire, l'auteure ne fait que renforcer la vision perverse et transgressive de l'amour, qui commande d'aller plus loin. N'a-t-elle pas écrit dans *La Boîte en os* : « L'homme ne va jamais assez loin dans ses actes et dans ses rêves, c'est pourquoi il n'atteint pas le ciel [414] » ? Au fond, le néo-romantisme noir de Peské serait fondé sur la transgression de la petite loi qui interdit la jouissance, freine le désir et se réclame finalement de la grande Loi, celle qui commande la jouissance. Quoi qu'il en soit, le roman a réussi à illustrer l'impossible à travers une plume nettement transgressive, mais aussi nettement ambiguë. Malgré un dénouement déconcertant, force est de mentionner que Peské a abordé un

---

[414] *Ibid.*, p. 65.

sujet aussi délicat et profond, en décrivant subtilement les désirs et les pulsions de l'humain et en rendant compte de ce que l'inconscient refoule et dévoile en même temps. Dans un article publié dans *Comœdia le* 17 janvier 1942, nous lisons : « La minutieuse analyse de la folie de Mac Corjeag est conduite d'une main de maître. Trop bien, même, presque, à la fin, on ne sait plus si le narrateur supposé n'est pas fou lui-même. Et pourquoi pas le lecteur ? [...] *La Boîte en os* mérite un beau succès[415] ».

La fiction constitue un mode d'accomplissement du désir. C'est dans le récit, que l'impossible devient possible et représentable, mais c'est aussi là que l'écriture touche au réel en faisant parler une réalité psychique, en lui donnant une voix, en quelque sorte, mais aussi en lui donnant une articulation et une cohérence. Comme l'avance Rabaté, le récit touche à un impossible « que seul le détour spécifique par la fiction fait peut-être toucher » [416]. Cet impossible, ce réel

---

[415] Julien Blanc, « Antoinette Peské : La Boîte en os », Comoedia, 17 janvier 1942, p. 2, en ligne, récupéré de gallica.bnf.fr, consulté le 7 octobre 2020.

[416] Dominique Rabaté, *La passion de l'impossible, op. cit.*, p. 79.

auquel toucherait le récit, comporte une « vérité en souffrance [...] que les " voies et détours de la fiction " [...] laissent cependant entrevoir[417] ». *La Boîte en os* en est un bel exemple, parce qu'il mobilise les multiples vérités en suspens que ce roman nous laisse entrevoir : vérités sur le désir, l'objet, la jouissance et le mythe de la fusion amoureuse. Bien qu'il noue avec *Hurlevent* de Brontë et *Que cherches-tu ?* sous plusieurs aspects, tel que démontré, il s'en détache en donnant naissance à un nouveau style de pensée et d'écriture. En fait, contrairement à *Que cherches-tu ?* – qui n'est au fond qu'un prélude à la question du désir – *La Boîte en os* adopte une poétique du désir sans compromis, qui doit aller au bout et franchir la limite de la vie pour se satisfaire. Un désir qui transgresse tous les interdits pour arriver à une jouissance qui n'est jamais que ce qu'on fait miroiter au bout de la mort.

Pour notre part, il nous incombe de souligner l'apport des notions psychanalytiques dans l'analyse des textes de Peské. Elles nous ont servi de balises dans cette plongée dans l'abîme

---

[417] *Ibid.*, p. 234.

du désir et de l'impossible. Nous supposons aussi que Peské a atteint une certaine maturité dans *La Boîte en os*, maturité fondée sur un savoir psychanalytique insu, qui a fait en sorte que sa conception du romantisme noir s'y est développée pour englober une autre dimension. Bien sûr, il pourrait y avoir d'autres lectures et interprétations valables, l'œuvre demeure ouverte. Aussi, parce que la littérature n'a peut-être pas le dernier mot. C'est ce que Peské a démontré dans ses romans, elle a laissé la porte ouverte, poursuite interminable d'autre chose. N'a-t-elle pas écrit à la fin : « seul le Seigneur a la clef » ? Il en est de même du savoir psychanalytique qui est un savoir ouvert, il n'est pas définitif. Il permet d'articuler la cohérence du drame humain dans sa complexité et sa singularité, comme celui du désir, bien que là encore ce n'est pas à la psychanalyse de refermer le livre ou le drame du désir : « On se tromperait si l'on se figurait que la psychanalyse clôt le cercle, qu'elle a trouvé le dernier mot[418] ». Ainsi, comment peut-on résoudre le conflit suivant : désirer

---

[418] Jacques Lacan, *Le Séminaire, Livre VI, Le désir et son interprétation*, *op. cit.*, p. 304.

ou ne pas désirer ? Autrement dit, « céder ou ne pas céder sur son désir » ? Le dénouement est tragique dans les deux cas : dans les romans de Peské, les deux possibilités ont abouti à la même fin à savoir la mort.

Finalement, est-ce que désirer doit être synonyme de mourir ? On ne peut ne pas désirer dès lors que nous sommes engagés sous la loi symbolique, la loi du père qui dicte le désir. Toutefois, il s'agit d'un désir soutenu, protégé par le fantasme, un désir qui ne tend pas vers une jouissance infinie impossible ni vers la possession de l'autre, un désir qui n'insiste pas à maitriser et malmener son objet, un désir qui ne nous jette pas dans l'abîme de l'impossible.

BIBLIOGRAPHIE

Corpus étudié

Corpus principal

PESKÉ, Antoinette, *La Boîte en os*, Paris, Chambriand, [1941] 1951, 207 p.

_______, *La Boîte en os,* Paris, Phébus, [1941] 1984, 204 p. (pour la note de l'éditeur)

Corpus secondaire

PESKÉ, Antoinette, *Que cherches-tu* ? Paris, Phébus, [1924] 2004, 142 p.

BRONTË, Emily, *Hurlevent (Wuthering Heights)*, trad. J. et Y. de Lacretelle, Paris, Gallimard, coll. « Folio », 1937, 620 p.

Ouvrages de référence

Sur Antoinette Peské

« Une romancière de dix-huit ans », *L'ère nouvelle,* 1er décembre 1924, p. 3, en ligne, récupéré de https://www.retronews.fr/journal/lere-nouvelle/01-dec-1924/383/1980855/1, consulté le 7 octobre 2020.

« La femme du jour. Antoinette PESKÉ ne s'intéresse qu'à ceux qui aiment " à la folie "… », *L'Intransigeant*, 2 mars 1951, p. 2, en ligne, récupéré de https://www.retronews.fr/journal/paris-presse-l-intransigeant/2-mars-1951/1355/3183655/2, consulté le 7 octobre 2020.

« Avant-critiques », *Livres hebdo,* n° 545, 2004, p. 30.

BENTOLIA, Simon, « 3 poches à ne pas rater », *Lire*, 1er février 2021, p. 79, en ligne, récupéré de https://nouveau.eureka.cc/Link/bnat1/news%c2%b720210201%c2%b7SML%c2%b7a0001647900, consulté le 25 juin 2021.

BERGERON, Patrick, « Antoinette Peské », *Nuit blanche,* n° 140, 2015, p. 50-54.

BLANC, Julien, « Antoinette Peské : La Boîte en os », *Comœdia,* 17 janvier 1942, p. 2, en ligne, récupéré de gallica.bnf.fr, consulté le 7 octobre 2020.

COIPLET, Robert, « La Boîte en os », *Le Monde*, 10 février 1951, en ligne, récupéré de https://www.lemonde.fr/archives/article/1951/02/10/la-boite-en-os_2065844_1819218.html, consulté le 29 septembre 2020.

D'ESTIENNE D'ORVES, Nicolas, « Un conte gothique », *Le Figaro*, vol. 17579, n° 17579, 15 février 2001, p. 7, en ligne, récupéré de https://nouveau.eureka.cc/Link/bnat1/news%c2%b720010215%c2%b7LF%c2%b717579703litteraire, consulté le 18 juin 2020.

JAMES, Alexandra, « Antoinette Peské, la fiancée du diable », *Le Monde,* 8 juin 1984, en ligne, récupéré de https://www.lemonde.fr/archives/article/1984/06/08/antoinette-peske-la-fiancee-du-diable_3023595_1819218.html, consulté le 29 septembre 2020.

__________, « Cette dame inconnue… », *Le Monde*, 8 juin 1984, en ligne, récupéré de https://www.lemonde.fr/archives/article/1984/06/08/cette-dameinconnue_3023668_1819218.html, consulté le 29 septembre 2020.

LAFUE, Pierre, « Documentation sur Antoinette Peské » dans *Recueil : dossiers biographiques Boutillier du Retail*, Besançon, Sequana, coll. « Hier et demain », n° 3, 1943, p. 154-155.

LAPOUGE, Gilles, « Légende et mystère d'Alexandre 1er », *Le Monde*, 2 août 1985, en ligne, récupéré de https://www.lemonde.fr/archives/article/1985/08/02/legende-et-mystere-d-alexandre-ier_2758432_1819218.html, consulté le 29 septembre 2020.

OVALDÉ, Véronique, « Georges Rodenbach, Antoinette Peské, Villers de l'Isle-Adam : la chronique " poches " de Véronique Ovaldé », *Le Monde*, 9 janvier 2021, en ligne, récupéré de https://www.lemonde.fr/livres/article/2021/01/09/georges-rodenbach-antoinette-peske-villiers-de-l-isle-adam-la-chronique-poches-de-veronique-ovalde_6065732_3260.html, consulté le 31 octobre 2022.

PELLETIER, Yannick, « Que cherches-tu ? », *Ouest-France*, 27 mai 2004, p. 10, en ligne, récupéré de https://nouveau.eureka.cc/Link/bnat1/news%c2%b720040527%c2%b7OF%c2%b743301325, consulté le 18 juin 2020.

ROUSSEL Frédérique, « Minuit, l'heure du crâne », *Libération*, 1er février 2001, p. 12, en ligne, récupéré de https://nouveau.eureka.cc/Link/bnat1/news%c2%b720010201%c2%b7LI%c2%b70379, consulté le 18 juin 2020.

Sur le romantisme noir et l'amour courtois

ABENSOUR, Liliane et Françoise CHARRAS, *Romantisme noir*, Paris, L'Herne, coll. « Cahiers de l'Herne », 1978, 385 p.

BATAILLE, Georges, « Emily Brontë », dans *La littérature et le mal*, Paris, Gallimard, coll. « Folio », [1957] 1991, p. 11-25.

BATES, Judith, *L'onirisme dans Wuthering Heights d'Emily Brontë : narration, schèmes et symbolisme*, Paris, Lettres modernes, coll. « Situation », 1988, 159 p.

BLONDEL, Jacques, *Emily Bronte - Expérience spirituelle et création poétique*, Paris, Presses Universitaires de France, 1955, 452 p.

DE ROUGEMONT, D., *L'Amour et l'Occident*, Paris, Union générale d'éditions, coll. « 10/18 », [1939] 1962, 313 p.

DUPERRAY, Max et Marc AMFREVILLE (dir.), *Le roman noir anglais dit « gothique »*, Paris, Ellipses, 2000, 176 p.

HANRY, Laetitia, « Les deux quêtes du paradis amoureux. Des *Hauts de Hurle-Vent* d'Emily Brontë », *37 études critiques : littérature générale, littérature française et francophone, littérature étrangère* - Cahier XXVII, Rennes, Presses universitaires de Renne, coll. « Nouvelles Recherches sur l'Imaginaire », 1999, p. 252-260.

LAGARDE, André et Laurent MICHARD, « La littérature courtoise », dans *Les grands auteurs français du programme. : Moyen âge*, Paris, Bordas, 1994, p. 43-76.

LEBRUN, Annie, Les *Châteaux de la subversion,* Paris, Gallimard, coll. « Folio », 1986, 291 p.

MURRAY-DESROSIERS, Julie, « L'écriture du mal chez Emily Brontë : infantile et pulsion de mort dans *Wuthering Heights* », Mémoire (M.A.), Université du Québec à Montréal, 2009, 108 f.

PETIT, Jean-Pierre, *L'œuvre d'Emily Brontë*, Lyon, l'Hermès, coll. « Les Hommes et les lettres », 1977, 380 p.

PEZARD, Émilie, « La vogue romantique de l'horreur : roman noir et genre frénétique », *Romantisme*, vol. 160, n° 2, 2013, p. 41-51.

PRAZ, Mario, *La chair, la mort et le diable dans la littérature du XIXe siècle : le romantisme noir*, trad. C. T. Pasquali, Paris, Gallimard, coll. « Tel », [1977] 1999, 504 p.

RAIMOND, Jean, *Visages du romantisme anglais*, Paris, Bordas, coll. « Études », 1977, 172 p.

Sur la psychanalyse

BLANC, Élisabeth, « Pulsion de mort. Désir de rien : les destins de la pulsion de mort », *Actes du séminaire de psychanalyse 1999 – 2000*, Faculté des lettres de Nice, 1999, p. 11-15.

BOONS, Marie-Claire, « La psychanalyse et la question de l'amour », *Le bulletin freudien*, n° 37-38, août 2001, p. 25-39.

_______, « L'exil amoureux », *Les cahiers du GRIF*, vol. 31, n° 1, 1985, p. 40-61.

BRAUNSTEIN, Nestor et Daniel KOREN, *La jouissance : un concept lacanien*, Toulouse, Érès, coll. « Point Hors Ligne », [1992] 2012, 300 p.

CANTONNET, Laurent, « L'amour : aspects cliniques et psychopathologiques », Thèse (P.H.D.) spécialité psychopathologie et psychanalyse, Aix-Marseilles, 2011, 352 p.

CASTANET, Hervé, *La perversion*, Paris, Economica-Anthropos, coll. « Psychanalyse », 2012, 396 p.

CHEMAMA, Roland et Bernard VANDERMERSCH, *Dictionnaire de la psychanalyse*, Paris, Larousse, coll. « In extenso », 2018, 617 p.

DENIS, Paul, « Emprise et destruction », dans *Emprise et satisfaction : les deux formants de la pulsion*, Paris, Presses Universitaires de France, coll. « Le fil rouge », 2002, p. 115-129.

DEWAMBRECHIES-LA SAGNA, Carole, « Lacan, le rien », *La Cause freudienne*, vol. 79, n° 3, 2011, p. 146-150.

DOREY, Roger, « La relation d'emprise », *Nouvelle Revue de psychanalyse*, n° 24, automne 1981, p. 117-140.

FREUD, Sigmund, *Métapsychologie,* trad. P. Koeppel, Paris, Flammarion, coll. « Champs », [1915] 2019, 325 p.

_________, *L'inquiétant familier,* trad. O. Mannoni, Paris, Payot & Rivages, coll. « Petite Bibliothèque Payot », [1919] 2011, 153 p.

_________, *Essais de psychanalyse*, trad. J. Altounian, Paris, Payot & Rivages, coll. « Petite Bibliothèque Payot », [1981] 2001, 308 p.

_________, « La tête de Méduse », trad. J. Laplanche, dans *Résultats, idées, problèmes II 1921-1938*, Paris, Presses Universitaires de France, [1985] 2020, p. 49-50.

_________, *Du masochisme*, [format epub], trad. C. C. Skalli, Paris, Payot & Rivages, coll. « Petite Bibliothèque Payot », 2011, s.p.

HUBER, Fabienne, « Figures du cannibalisme », *Adolescence*, vol. 34, n° 1, juin 2016, p. 17-26.

JADIN, Jean-Marie, *La structure inconsciente de l'angoisse*, Toulouse, Erès, coll. « Hypothèses », 2017, 200 p.

JULIEN, Philippe, *Pour lire Jacques Lacan : le retour à Freud*, Paris, Seuil, coll. « Points », [1985] 2018, 237 p.

JURANVILLE, Alain, *Lacan et la philosophie*, Paris, Presses Universitaires de France, coll. « Quadrige », [1984] 2003, 505 p.

KOK, Nathalie, *Confession et perversion : une exploration psychanalytique du discours pervers dans la littérature française moderne*, Louvain, Peeters, coll. « Accent », 2000, 321 p.

KRISTEVA, Julia, *Histoires d'amour*, Paris, Denoël, coll. « Folio », 1983, 476 p.

LACAN, Jacques, « Kant avec Sade », *Écrits*, Paris, Le Seuil, 1966, p. 765-790.

_______, *Le Séminaire, Livre IV, La relation d'objet*, Paris, Seuil, « Champ freudien », 1994, 512 p.

_______, *Le Séminaire, Livre VI, le désir et son interprétation*, Paris, La Martinière, coll. « Champ freudien », 2013, 615 p.

_______, *Le Séminaire, Livre VII, L'éthique de la psychanalyse*, Paris, Seuil, coll. « Points », 2019, 528 p.

_______, *Le Séminaire, Livre VIII, Le transfert*, Paris, Seuil, coll. « Champ freudien », 1991, 459 p.

______, *Le Séminaire, Livre XI, les quatre concepts fondamentaux de la psychanalyse*, Paris, Seuil, coll. « Champ freudien », 1973, 255 p.

______, *Le Séminaire, Livre XIII, L'objet de la psychanalyse*, (inédit).

______, *Le Séminaire Livre XVI, D'un autre à l'autre*, Paris, Seuil, coll. « Champ freudien », 2006, 427 p.

______, *Le Séminaire, Livre XX, Encore*, Paris, Seuil, coll. « Points », [1975] 2016, 192 p.

______, *Le Séminaire, Livre XXI, Les non-dupes errent*, (inédit).

LANDMAN, Patrick et Gérard POMMIER, « La pulsion sort du mythe », dans *Le Refoulement pourquoi et comment*, Toulouse, Éres, coll. « Point Hors Lignc », 2013, p. 219-244.

LE BRUN, Jacques, *Le pur amour de Platon à Lacan*, Paris, Seuil, coll. « La librairie du XXIe siècle », 2002, 440 p.

LIPPI, Silvia, « Les lois du désir », dans *La décision du désir*, Toulouse, Éres, coll. « Point Hors Ligne », 2013, p. 201-222.

LUCCHELLI, Juan Pablo, *Le malentendu des sexes : Freud, Lacan et l'amour*, Rennes, Presses Universitaires de Rennes, 2011, 229 p.

______, *Introduction à l'objet a de Lacan*, Paris, Éd. Michèle, 2020, 271 p.

MILLER, Jacques-Alain, *Vie de Lacan*, enseignement prononcé dans le cadre de l'Université populaire Jacques Lacan, Orientation

lacanienne III,12, 10 février 2010, en ligne, récupéré de
http://jonathanleroy.be/2020/12/orientation-lacanienne-jacques-alain-miller/, consulté le 10 juillet 2022.

PARDO, Éléonore, « Le regard médusé », *Recherches en psychanalyse*, vol. 9, n° 1, 2010, p. 84-88.

QUINET, Antonio, *Le plus de regard : destins de la pulsion scopique*, Paris, Éditions du Champ lacanien, coll. « In Progress », 2019, 344 p.

RANCIÈRE, Jacques, *L'inconscient esthétique*, Paris, Galilée, coll. « La philosophie en effet », 2001, 77 p.

RICŒUR, Jean-Paul, « Lacan, l'amour », *Psychanalyse*, vol. 10, n° 3, 2007, p. 5-32.

VIVÈS, Jean-Michel, « L'amour courtois entre fauteuil et divan : pour une lecture poétique de l'amour de transfert », *Cliniques méditerranéennes*, vol. 84, n° 2, 2011, p. 9-18.

Autres ouvrages consultés

BUTLER, Judith, *Sujets du désir réflexions hégéliennes en France au XXe siècle*, Paris, Presses Universitaires de France, coll. « Pratiques théoriques », 2011, 303 p.

PLATON, *Le Banquet*, trad. L. Brisson, Paris, Flammarion, 1998, 275 p.

RABATÉ, Dominique, *La passion de l'impossible : une histoire du récit au XXe siècle*, Paris, Corti, coll. « Les essais », 2018, 253 p.

RICOEUR, Paul, *La métaphore vive*, Paris, Seuil, coll. « l'Ordre philosophique », 1975, 430 p.

ANTOINETTE PESKÉ
Que cherches-tu ?
roman
PHÉBUS

Peské Marty
Ici le chemin se perd
Phébus libretto

Visages
LES TERRIBLES
FANTÔMAS
par
Annouette
FENDI
ALLAIN
SOUVESTRE
ARSÈNE LUPIN
LEBLANC
et
Pierre
MARTY
ROULETABILLE
LEROUX
FRÉDÉRIC CHAMBRIAND
Éditeur à Paris

Les meilleurs romans policiers français
LE BAL
DES ANGOISSES
par
PIERRE MARTY
ÉDITIONS-DENOËL

LA BELLE
INUTILE
EDITIONS